Wolfgang Swillims
Die Strategie der schöpferischen Distanz

Wolfgang Swillims

Die Strategie der schöpferischen Distanz

Persönliches und betriebliches Ideenmanagement optimieren

GABLER

Die Deutsche Bibliothek – CIP-Einheitsaufnahme

Swillims, Wolfgang:
Die Strategie der schöpferischen Distanz : persönliches und betriebliches Ideenmanagement optimieren / Wolfgang Swillims. –
Wiesbaden : Gabler, 1993
  ISBN-13: 978-3-322-87119-0   e-ISBN-13: 978-3-322-87118-3
  DOI: 10.1007/978-3-322-87118-3

Der Gabler Verlag ist ein Unternehmen der Verlagsgruppe Bertelsmann International.

© Betriebswirtschaftlicher Verlag Dr. Th. Gabler GmbH, Wiesbaden 1993
Softcover reprint of the hardcover 1st edition 1993

Lektorat: Ulrike M. Vetter

Das Werk einschließlich aller seiner Teile ist urheberrechtlich geschützt. Jede Verwertung außerhalb der engen Grenzen des Urheberrechtsgesetzes ist ohne Zustimmung des Verlags unzulässig und strafbar. Das gilt insbesondere für Vervielfältigungen, Übersetzungen, Mikroverfilmungen und die Einspeicherung und Verarbeitung in elektronischen Systemen.

Höchste inhaltliche und technische Qualität unserer Produkte ist unser Ziel. Bei der Produktion und Verbreitung unserer Bücher wollen wir die Umwelt schonen: Dieses Buch ist auf säurefreiem und chlorfrei gebleichtem Papier gedruckt. Die Einschweißfolie besteht aus Polyäthylen und damit aus organischen Stoffen, die weder bei der Herstellung noch bei der Verbrennung Schadstoffe freisetzen.

Die Wiedergabe von Gebrauchsnamen, Handelsnamen, Warenbezeichnungen usw. in diesem Werk berechtigt auch ohne besondere Kennzeichnung nicht zu der Annahme, daß solche Namen im Sinne der Warenzeichen- und Markenschutz-Gesetzgebung als frei zu betrachten wären und daher von jedermann benutzt werden dürften.

Satz: Satzstudio RESchulz, Dreieich-Buchschlag

ISBN-13: 978-3-322-87119-0

*Meiner Frau Jutta und
meinen Kindern
Greta Frederike und Lena Henrike
gewidmet*

Vorwort

Viele Führungskräfte und Mitarbeiter fragen sich immer häufiger:
- Warum läuft bei uns so viel nach dem Motto ‚business as usual'?
- Warum schneide ich die alten Zöpfe nicht einfach ab?
- Warum kommen mir und meinen ‚Leuten' keine richtig guten Ideen mehr?

Die Herausforderung ‚Zukunft' will jedoch gemeistert sein. Der Mut zu Neuem, Kreativität und Neugierde bilden dabei das Innovationspotential, das neues Wissen und neue Problemlösungen schafft – im Dienste des Fortschritts für die Menschen und die Welt, in der wir leben. Doch was geschieht mit dem wertvollsten Innovationspotential, das Unternehmen und anderen Organisationsformen in Form von Mitarbeiterideen zur Verfügung steht? Auf den Punkt gebracht: Dieses Potential liegt weitestgehend brach. Gleichzeitig können wir beobachten, daß viel Geld, Zeit und Mühe darauf verwendet werden, eine starke Mitarbeiteridentifikation mit den Organisationen herzustellen und zu erhalten. Ist es diese starke Identifikation, die verantwortlich für die Verstopfung der Ideenquellen bei den Mitarbeitern ist? Oder sind Ideenschwäche und Identifikationspolitik lediglich eine zufällige Kombination?

Ich werde zeigen, daß hier *kein Zufall* vorliegt, sondern daß die Anstrengungen des Personalmanagements, die heute überall nach der Devise laufen: „Je mehr Identifikation – desto besser", tatsächlich die kreative Entfaltung der Mitarbeiter nicht nur behindern, sondern sogar ganz verhindern können. Ebenso negativ für die Aktivierung der kreativen Energie ist allerdings auch eine zu geringe Identifikation. Der Idealzustand liegt hier – wie so oft – in der „goldenen" Mitte. Als Belege für die Richtigkeit dieser Aussagen dienen eigene Feldstudien und Fallbeispiele internationaler Top-Unternehmer und anderer weltbekannter Persönlichkeiten.

Ein von mir entwickeltes Instrument, die Selbstbeurteilungsskala zur Messung der Identifikationsstärke (SEMI), soll jeden in die Lage versetzen, seine individuelle emotionale Bindung an ‚seine' Organisation zu diagnostizieren. Für den Fall, daß keine ‚ideale' Bindung festgestellt wird und somit eine wesentliche Voraussetzung für die Ausschöpfung des kreativen Potentials fehlt, kann unter einer Reihe von praxisbewährten Gegenmaßnahmen gewählt werden.

Dieses Buch ist für Chefs ebenso wie für Mitarbeiter und Führungskräfte – auch und gerade für Frauen – geschrieben. Letztere haben – obwohl von Haus aus besonders günstig disponiert – enorm viele Probleme mit der Umsetzung ihrer kreativen Möglichkeiten in den Unternehmen und Organisationen.

Dieses Buch ist auch ein Plädoyer gegen die Imitation des japanischen Personalmanagements. Ich werde zeigen, daß die gezähmte Kreativität der stark identifizierten, hyper-konformistischen japanischen Mitarbeiter nicht die Vitalität und Durchschlagskraft hat, die den unbekümmerten Schöpfergeist auszeichnet. Die Identifikation des produktiven Querdenkers mit seinem Unternehmen liegt in der ‚goldenen Mitte‘. Es wird Zeit, daß eine Trendwende im Personalmanagement hier bei uns eingeläutet wird.

WOLFGANG SWILLIMS

Inhalt

Vorwort 7

1. Unternehmen auf der Suche nach Ideen 11
   Gesucht: der kreative Mitarbeiter 11
   Identifikationsgrad und Kreativität
   – wie gehören sie zusammen? 13
   Das Erkenntnismodell als Erklärungsansatz 16
   Methoden, Chancen, Ziele des Buches
   – und warum es gerade jetzt so wichtig ist 18

2. Hindernisse auf dem Weg zu mehr Kreativität 21
   Ideenfeindlichkeit bei Organisationen und Führungskräften 21
   Führungstheorien auf dem Prüfstand 29
   Ein Kapitel für sich: Frauen als Führungskraft 36
   Befürchtungen und Enttäuschungen
   – Ideenkiller auf seiten der Mitarbeiter 41
   Der Kampf gegeneinander 43
   Frauen sind kreativ – wenn man sie läßt 48
   Man kann es nicht jedem recht machen 51
   Die Arbeitsbedingungen 53
   Belastungen in der Arbeitswelt 53
   Das Kontroll-Konzept oder:
   Wie reagieren Menschen auf Belastungen? 56
   Identifikationspolitik – Freund oder Feind der Kreativität? 58

3. Distanz 63
   Die Skalen der emotionalen und kognitiven Distanz 64
   Der Dualismus von Nähe und Distanz 66
   Liebe macht blind – Distanzphänomene im Alltag 66
   Distanz durch Ironie, Witz und Satire 68
   Distanz durch geographische Entfernung 70
   Distanz und Liebe 74
   Distanz und allgemeine Alltagserfahrungen 76
   Je mehr, desto besser – Distanzphänomene im Unternehmen 78

4. In medias res: Fallbeispiele und Feldstudien ... 81
Ohne Distanz keine Ideen ... 81
Zwischen 0-Distanz und 10-Distanz ... 82
Wenn die Distanz stimmt, sprüht der Geist ... 88
Der göttliche Funke ... 93
Jeder Fall ein Fall für sich ... 95
Wirtschafts-VIPs und ihr Distanzverhalten ... 97
Die Gemeinsamkeiten der Top-Erfolgreichen ... 110
Ein weites Feld – Studien zur Distanz ... 117
Extremfall Japan: Kopie statt Kreativität ... 122
Falsche Distanzpolitik – Gefahr droht! ... 125

5. Distanztheorie – was bringt sie fürs Geschäft? ... 133
Das leidige Problem von Theorie und Praxis ... 133
Distanz allein macht nicht kreativ ... 134
Messen Sie Ihre persönliche Distanz ... 135

6. Mit Gelassenheit zu Distanz und Kreativität ... 137
Auf dem Weg zum transzendenten Selbst ... 139
Kontrolle ist gut, Kreativität ist besser ... 143
Von Kopf bis Fuß – und nicht umgekehrt ... 145

7. Übung macht auch den Distanz-Meister ... 149

Anhang ... 155
Erhebungsbogen 1 (EB1) ... 157
Erhebungsbogen 2 (EB2) ... 160
Selbstbeurteilungsskala zur Messung
der Identifikationsstärke: SEMI ... 163
  I. Anleitung ... 163
  II. Durchführung ... 163
  III. Auswertungs- und Interpretationshinweise ... 166

Literaturverzeichnis ... 169
Stichwortverzeichnis ... 173

1. Unternehmen auf der Suche nach Ideen

Gesucht: der kreative Mitarbeiter

Bei aller Unsicherheit über die Zukunft ist eines gewiß: Auf dem Markt wird nur derjenige auf Dauer bestehen können, dem es gelingt, mit den Konkurrenten mitzuhalten bzw. sie sogar zu übertreffen. Dazu braucht jeder Betrieb die innovativen Ideen *aller* seiner Mitarbeiter, da Innovationsfähigkeit heute zu den Bestandsgarantien aller Unternehmen gehört. Wer im Geschäft bleiben will, muß die geistigen Ressourcen seiner Mitarbeiter aktivieren.

Heute sind Unternehmer in weit größerem Maße von ihren Mitarbeitern abhängig, als uns bisher bewußt war. Da heute jeder Technik und Maschinen frei erwerben kann, wird der Wettbewerbsvorsprung des einzelnen weniger von der Technik als von den Mitarbeitern entschieden, die diese Technik einsetzen.

Kurze Innovationszyklen und die Tendenz zur starken Ausweitung des Produktsortiments machen den Typus des kreativen, flexibel reagierenden und zur Inspiration fähigen Mitarbeiters wichtiger denn je. Insofern ist der schöpferische Mensch der zukunft-schaffende Menschentypus schlechthin. Ohne ihn gibt es keinen Fortschritt. Häufig wird zwischen dem Schöpferischen und der Kreativität unterschieden. Das Schöpferische wird dabei als eine „Himmelsgabe" gesehen, mit Begriffen wie Intuition und Imagination umschrieben und auf die klassischen künstlerischen Medien beschränkt. Im Gegensatz dazu wird Kreativität als lediglich originelle Neuordnung existierender Informationen definiert. Ich will mich dieser Trennung nicht anschließen und beide Begriffe synonym verwenden, weil eine klare Linie nicht zu ziehen ist.

Als Maßstab für die praktizierte Kreativität in den Unternehmen habe ich oft den Grad der Beteiligung am Betrieblichen Vorschlagswesen (BVW) gewählt. Es gibt zwar Bereiche unternehmerischer oder wissenschaftlicher Kreativität, die über das hinausgehen, was gemeinhin als Ideen im Vorschlagswesen präsentiert wird. Doch ist das Mitmachen beim BVW nicht nur ein ganz brauchbarer, sondern auch der einzige quantifizierte Indikator für die realisierte Kreativität der Mitarbeiter

Obwohl der Ruf nach schöpferischer Leistung und Innovation noch nie so stark war wie heute in einer Zeit des Wandels auf vielen Gebieten und obwohl Ideen und Kreativität der Mitarbeiter als fundamentale Stärke eines Betriebes für die Zukunft gelten, liegt das Innovationskapital ‚Mensch' in den meisten Unternehmen der Bundesrepublik Deutschland weitgehend brach: Die Beteiligungsquote im Betrieblichen Vorschlagswesen beträgt in Deutschland etwa 10 Prozent, in der Schweiz lediglich etwa 2,5 Prozent, das heißt, daß sich dort nur jeder 40. Mitarbeiter am Ideenwettbewerb beteiligt. Volkswirtschaftlich, insbesondere aber betriebswirtschaftlich eine unverständliche, den Interessen der Unternehmen in keiner Weise entsprechende Situation. Das weitgehend ungenutzte kreative Potential, das einsetzbar wäre, um beispielsweise Ausgaben zu verringern, überflüssige Bürokratie abzubauen, Abläufe zu vereinfachen, Lebensbedingungen zu verbessern und zum Schutz der Umwelt beizutragen, betrifft nicht nur die Betriebe und damit die ökonomische Seite unserer Gesellschaft, sondern ist in allen Bereichen anzutreffen. So beispielsweise im Bildungsbereich, im Bereich der freiwilligen Hilfe, auf dem Sektor des kirchlichen Engagements und in der Selbstverwaltung der Bürger. Überall dort existiert ein Übermaß an Aufgaben; dennoch bleiben die schöpferischen Kräfte der Eltern, der Gläubigen und auch der Staatsbürger weitgehend ungenutzt.

Das Problem ist nicht neu. Es begleitet uns als defizitärer Ladenhüter durch die Geschichte – und nicht nur durch die jüngste. Man hofft, daß sich die Zeiten ändern und alles besser werde. Doch die geänderten Zeiten sind vor allem wir Menschen und das, was in unseren Köpfen vorgeht. Also müssen *wir* uns ändern. Und das ist – wer weiß das nicht aus eigener Erfahrung zu sagen – ein Problem besonderer Art.

Immer mehr Institutionen wollen sich nicht länger auf den Zufall verlassen, sondern nehmen die Sache selbst in die Hand. Sie wollen nicht passiv sein und reagieren, sondern aktiv sein und agieren, etwas bewegen und den Verlauf der Dinge kontrollieren. Die Bildung von Betriebsgruppen (Spiel, Sport ...) wird gern gesehen und unterstützt, Erholungsaufenthalte in firmeneigenen Heimen werden gefördert, das Incentive-Wesen auf Expansionskurs gebracht, Unternehmensphilosphien formuliert, betriebliche Feiern inszeniert, die den Charakter von Feldgottesdiensten haben – um nur einiges zu nennen. Diese Bindung soll die Identifikation des Mitarbeiters mit dem Unternehmen fördern. Dahinter steht die Überlegung, daß die *möglichst vollständige* Identifikation mit dem Unternehmen den Ideenreichtum des Mitarbeiters am ehesten zugänglich macht.

Identifikationsgrad und Kreativität – wie gehören sie zusammen?

Jahr für Jahr steigt die Zahl der Konkurse, stagniert die Beteiligungsquote am Betrieblichen Vorschlagswesen bei niedrigen 10 Prozent, investieren große Unternehmen viel Geld in die Idee, ihre Mitarbeiter durch Identifizierung mit „ihrer Firma" zu innovativem Handeln zu motivieren. Und doch sind es gerade die kleinen und mittleren Unternehmen ohne gezielte Identifikationspolitik, die sich als die idealen und in vielen Fällen erfolgreichsten Innovationsträger (Drucker, 1985, S. 12) auszeichnen und weniger als 30 Prozent aller bahnbrechenden Erfindungen, die aus den Forschungslabors der großen Unternehmen stammen (Fabian, 1974, S. 185); 70 Prozent reifen in den Köpfen kleiner Teams in aggressiven Firmen, die gezwungen sind, die „geistigen Investitionen" ihrer Mitarbeiter in gleicher Weise zu bilanzieren wie die Zahlen der Vergangenheit.

Durch den Wertewandelschub zu Beginn der 60er Jahre nahm die Bereitschaft zur Identifikation mit dem Betrieb ab. Gleichzeitig wuchs die schöpferische Mitarbeit der Beschäftigten. Diese sank jedoch wieder, als Mitte der 70er Jahre der Wertewandelschub beendet war. Fraglich ist, ob dieses Phänomen als Zufall gewertet werden kann.

Die Bereitschaft, sich zu binden, zu fügen und einzuordnen, ist zu Beginn der 60er Jahre zurückgegangen, und zwar „zugunsten einer leitbildhaften Hochschätzung der Entfaltung eigener Möglichkeiten ... Der Wertewandelschub der sechziger und siebziger Jahre ... hat dazu geführt, daß ... der Konflikt zwischen dem Menschen und ‚seinem' Betrieb ... intensiver wurde" (Rosenstiel, 1986, S. 89). Wenn wir jetzt Konflikt mit Spannung übersetzen, dann heißt das, daß der Zustand der kreativen Spannung zwischen Mitarbeiter und Betrieb durch den Wertewandel gewachsen ist.

Die vergleichsweise starke Identifikation der Mitarbeiter im öffentlichen Dienst mit ihrer Organisation korrespondiert seit vielen Jahren mit einer geringen Ideenproduktion in den Amtsstuben. Zufall?

Beispielhaft ist die Entwicklung seit Mitte der 70er Jahre in Abbildung 1 dargestellt.

Zu diesen gesamtwirtschaftlichen Indizien für einen Zusammenhang zwischen Identifikationsgrad und Kreativität kommen Hinweise aus den Reihen der Mitarbeiter, die sich mit folgenden Überlegungen konfrontiert sehen:

14 Unternehmen auf der Suche nach Ideen

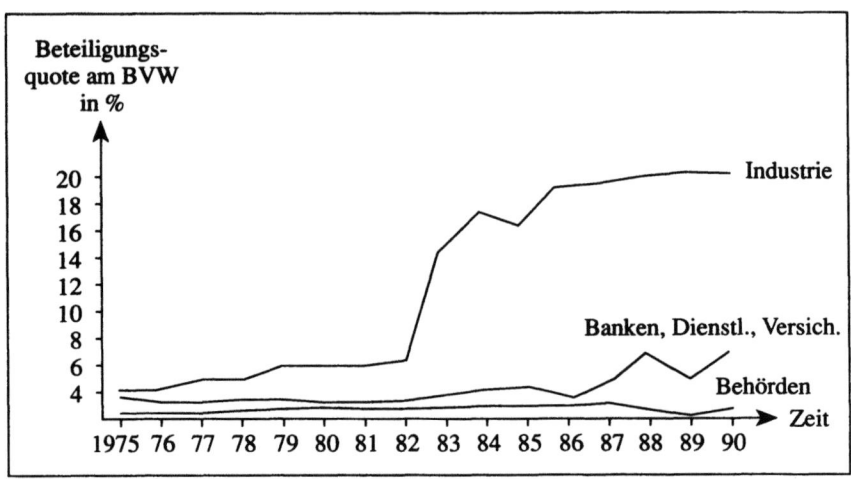

Quelle: Betriebliches Vorschlagswesen, Jahrgänge 1976 bis 1992.

Abbildung 1: Beteiligungsquote am Betrieblichen Vorschlagswesen in der Bundesrepublik Deutschland in der Zeit von 1975 bis 1990, branchendifferenziert

- Warum fällt mir eigentlich nichts Rechtes mehr ein?
- Warum sträube ich mich gegen Veränderungen?
- Warum bin ich nicht auf diese Idee gekommen?
- So habe ich dieses Problem noch gar nicht gesehen!
- Jetzt wird mir klar: Um diese Aufgabe lösen zu können, hätte ich die Geschäftspolitik unseres Hauses – die ich immer als vorbildlich gesehen habe – in Frage stellen müssen. Warum habe ich das nicht getan?

Die genannten Phänomene deuten darauf hin, daß die Bemühungen der Unternehmen um die Bindung ihrer Mitarbeiter nicht die beabsichtigten Auswirkungen im Bereich der Kreativität zeigen. Die Phänomene lassen zwar nicht eine einzige verbindliche Interpretation zu, doch gibt es eine Beziehung, die in der Lage ist, viele der sich darbietenden Erscheinungen zu integrieren.

Dazu formuliere ich folgende Annahme:

Es existiert eine Beziehung zwischen der Stärke der Bindung eines Mitarbeiters an sein Unternehmen und der Entfaltung seiner kreativen Möglichkeiten, und zwar von folgender Art: Die Kreativität entfaltet sich bis zu einem Maximalpunkt (P_{max}) und sinkt von da an ab, das heißt: Je mehr die Bindung ab P_{max} zunimmt, desto geringer wird die Entfaltung des schöpferischen Potentials.

Aus dieser Annahme folgt:

(1) Wenn die emotionale Bindung des Mitarbeiters an sein Unternehmen (zu) groß ist, dann wird die Entfaltung der Kreativität ebenso gestört wie bei (zu) kleiner emotionaler Bindung.
(2) Es existiert ein optimaler Punkt (Bereich) auf der Bindungsskala, bei dem die Ideenproduktion eines Individuums ihren höchsten Wert erreicht (Abbildung 2).

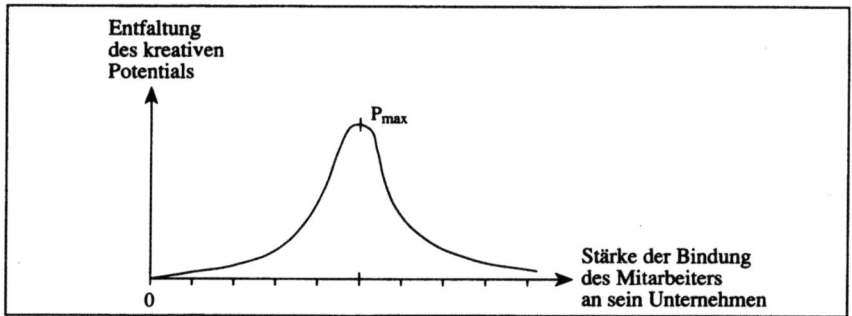

Abbildung 2: Beziehung zwischen Bindung an das Unternehmen und Entfaltung der Kreativität: hypothetischer Verlauf

Wenn wir jetzt den Begriff ‚Bindung an das Unternehmen' durch den Begriff ‚Distanz zum Unternehmen' ersetzen, dann folgt daraus: Wenn in Unternehmen Identifikationspolitik praktiziert wird mit dem Ziel, die Distanz der Mitarbeiter zum Unternehmen gegen Null gehen zu lassen, sie also vollständig mit dem Unternehmen zu identifzieren, dann verhindert man damit die (weitere) Entfaltung des schöpferischen Potentials der Mitarbeiter und schwächt ihren Willen, Neues gegen Bestehendes durchzusetzen. Immer vorausgesetzt natürlich, daß die personalpolitischen Aktivitäten auch Erfolg zeitigen.

Es wäre allerdings müßig, über einen Zusammenhang von Bindung und Kreativität zu spekulieren, wenn in der betrieblichen Praxis eine Identifikation mit dem Unternehmen nicht oder nur als ein unbedeutendes Phänomen existiert. Eine Befragung von 20 Betroffenen aus dem kaufmännischen und gewerblichen Bereich ergab einerseits, daß die Absicht der Unternehmen, Mitarbeiter an das Unternehmen zu binden, sehr stark verbreitet ist. Zum anderen gelingt es den Betrieben, diese Identifikation auch herzustellen, und zwar so gut, daß viele Mitarbeiter sich *vollständig* mit dem Unternehmen identifizieren.

16   Unternehmen auf der Suche nach Ideen

Das Erkenntnismodell als Erklärungsansatz

Dem Konzept der Positiven Psychotherapie liegt die Auffassung zugrunde, daß jeder Mensch über die beiden Grundfähigkeiten der Liebe und der Erkenntnis verfügt. Die Erkenntnis läuft dabei über fünf Medien, die in Abbildung 3 dargestellt werden.

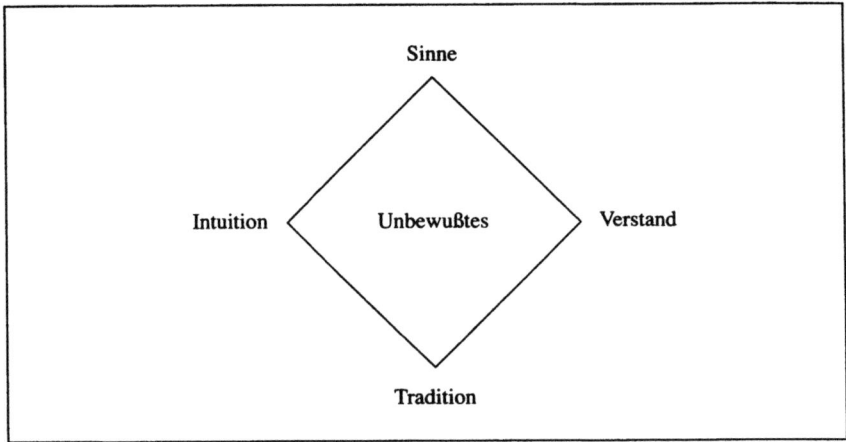

Abbildung 3:   Erkenntnismedien

Dort, wo die *Sinne* dominieren, kommt es stark auf die Körperlichkeit an. Wo der *Verstand* regiert, sind beispielsweise Ordnung, Genauigkeit und Fleiß besonders ausgeprägt. Wo die *Intuition* die Hauptrolle spielt, entfalten sich primär Phantasie, Hoffnung und Glaube. Wo die *Tradition* in Form von internen Mythen, Dogmen und innerer Historie das bestimmende Medium ist, entwickeln sich vor allem Gehorsam und Festhalten am Bestehenden und Überlieferten als geschlossene Dimension der Vergangenheit. Die sogenannte Killerphrase ‚Das haben wir immer schon so gemacht' und das NHE (Nicht Hier Erfunden)-Syndrom künden davon.

Das gemeinsame Interesse der meisten Unternehmen am Bestehenden und Überkommenen, gekoppelt mit dem Wunsch nach Gleich-Ausrichtung der Mitarbeiter, führt dazu, daß Tradition als dominierendes Medium für die Erkenntnisgewinnung der Mitarbeiter bevorzugt wird. Allenfalls wird noch der Verstand mit seiner intellektuellen Potenz bzw. werden die Sinne mit ihrer Körperbezogenheit gefördert. Insbesondere jedoch wird mit einer Politik der starken Bindung an das Unternehmen eine starke Herausbildung traditionsgeprägten Verhaltens unterstützt. Die Intuition mit ihrer Flucht aus Langeweile, Stagnation und geistig ausgetretenen Kategorien kommt dabei in den meisten Fällen aufgrund der durch die Identifikationspolitik aktiv geförderten Überbetonung im Erkenntnisbereich wesentlich zu kurz. Anders ausgedrückt: Die Bevorzugung bestimmter Erkenntnismedien hat zur Folge, daß die anderen mehr oder weniger ausgeschlossen werden. Wo beispielsweise verstandesbetonte oder traditionelle Inhalte dominieren (vgl. Abbildung 4), findet eine weitgehende Aufgabe von Intuition und Phantasie statt. Auf den ersten Blick erscheint als Ideallösung ein ausgewogener Mittelpunkt, der keine Bevorzugungen der verschiedenen Erkenntnismedien kennt (vgl. Abbildung 5).

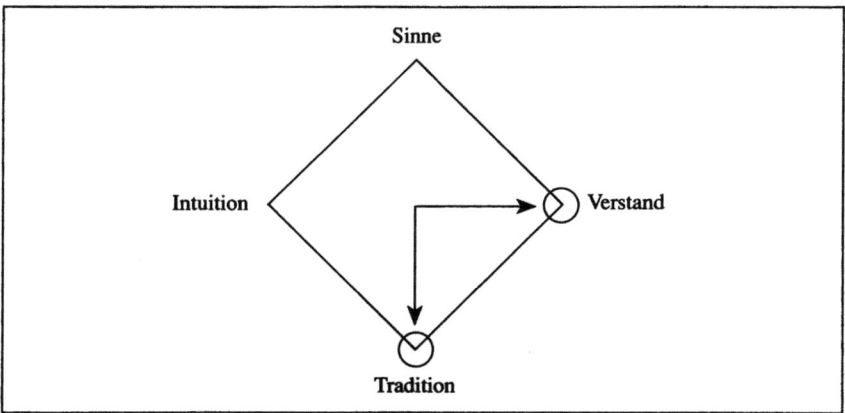

Abbildung 4: Schwerpunktbildung im Erkenntnisbereich

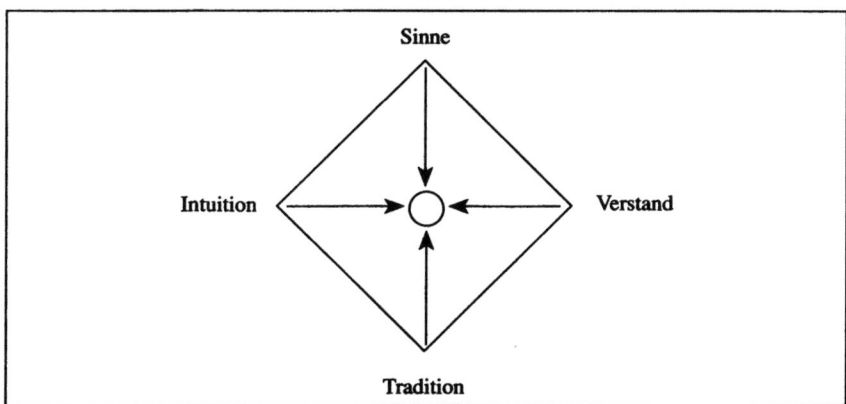

Abbildung 5: Ausgewogene Erkenntnisgewinnung

Bei genauerer Betrachtung wird jedoch klar, daß diese Konstellation aufgrund ihres statischen Charakters lediglich ein künstlicher Zustand wäre, der in der Realität nicht anzutreffen ist. Es wird immer Präferenzen und damit Ausschläge in die eine oder andere Richtung geben. Entscheidend ist, daß dabei den Verantwortlichen bewußt ist und bewußt bleibt, daß eine Schräglage auf bestimmte Medien hin stets eine Beeinträchtigung der anderen Medien nach sich zieht. Die Bereitschaft zur Korrektur und die aktive Umsetzung dieser Bereitschaft in Richtung auf mehr Ausgewogenheit sind wohl das, was realistischerweise als ein personalpolitischer Leitgedanke zu formulieren ist.

Methoden, Chancen, Ziele des Buches – und warum es gerade jetzt so wichtig ist

Zur Prüfung des Zusammenhangs zwischen Identifikationsgrad und Kreativität dienen Biographien und Autobiographien weltbekannter Persönlichkeiten und Berichte über Erfindungen und Entwicklungen aus mehreren Bereichen des beruflichen Lebens als Dokumente. Darüber hinaus werde ich ein eigenes Modell der Kreativitätsförderung vorstellen in der Hoffnung, daß es in der Praxis bekannt wird und Verwendung findet. Denn ohne diese Voraussetzungen kann es sich nicht bewähren.

In meinen Überlegungen will ich mich auf Unternehmen als zu untersuchende Organisationsform beschränken. Dafür gibt es eine Reihe von Gründen. Marilyn Ferguson, eine der Wegbereiterinnen des Gedankens eines Neuen Zeitalters (New Age), weist in ihrer ‚Sanften Verschwörung' die Richtung: „Die leitenden Köpfe in der Geschäftswelt bilden möglicherweise die geistig aufgeschlossenste Gruppe in der Gesellschaft, weitaus aufgeschlossener als Gelehrte oder Fachleute, weil ihr Erfolg von der Fähigkeit abhängt, Trends und neue Perspektiven frühzeitig zu erkennen" (1982, S. 393).

Hinzu kommt, daß in unserer industriellen Gesellschaft die Berufssphäre ganz entscheidend auf die anderen Bereiche des sozialen Lebens ausstrahlt. Der soziale Status und die sozialen Beziehungen wie auch die damit verknüpften Verhaltensformen und Erlebnismöglichkeiten des einzelnen werden entscheidend durch die Art seiner Arbeitstätigkeit mitbestimmt.

Dieses Buch ist weder eine Zusammenstellung von Anekdoten noch ein blutleerer Text, der auf dem Altar der Wissenschaftlichkeit geopfert wurde.

Es ist vielmehr eine Sammlung von Daten und Reflexionen über Identifikationspolitik, wie sie sich in der Praxis darstellt. Ich möchte mit diesem Buch Anstoß geben, verkrustete Strukturen im Personalmanagement aufzubrechen. Der Leser soll Phänomene der betrieblichen Alltagsgegenwart unter neuem Blickwinkel sehen und ihnen auf diese Weise bisher wenig bemerkte Eigenschaften und überraschende Einsichten abgewinnen.

2. Hindernisse auf dem Weg zu mehr Kreativität

Zweifelsohne gibt es viele Hindernisse, wenn man das Ideenpotential der Mitarbeiter aktivieren will, wie zum Beispiel der wissenschaftlich-technische Fortschritt oder der Grad der sozialen Auseinandersetzungen sowie ganz allgemein die strukturellen und gesellschaftspolitischen Veränderungen. Ich beschränke mich bewußt auf betriebs-*interne* Bedingungen, weil das Management hierauf *direkten* Einfluß nehmen kann, was bei den betriebs-*externen* Faktoren nicht der Fall ist. Konkret: Sollte der dargelegte Ansatz plausibel erscheinen, so könnten Führungskräfte relativ kurzfristig damit beginnen, die zur eigenen Disposition stehenden innerbetrieblichen Faktoren zum Wohle aller Beteiligten entsprechend zu verändern.

Aber auch der individuelle Mitarbeiter kann – ohne darauf zu warten, was ‚von oben' kommt – damit beginnen, sein persönliches Identifikationsverhalten zu prüfen und gegebenenfalls zu ändern.

Ideenfeindlichkeit bei Organisationen und Führungskräften

Eine massive Barriere gegen innovative Initiativen innerhalb eines Unternehmens ist häufig die Organisation und die durch sie manifestierte Hierarchie, die funktioniert, um den Status quo zu erhalten. In diesem Sinne sind besonders die klassischen Grundmuster von Organisationstypen anfällig, nach denen die meisten heutigen Unternehmen strukturiert sind:

In jeder dieser klassischen Organisationsformen entwickeln die Angestellten unweigerlich ein emotionales und intellektuelles Bedürfnis, das bekannte Muster beizubehalten. Gerade das mittlere Management klammert sich an seine Macht in der Hierarchie. Ein wacher, kritischer Geist wird in Organisationen dieser Formen durchaus begrüßt, Ideen werden dankbar zur Kenntnis genommen und unter Umständen auch verwirklicht, doch muß sich alles im vorgegebenen Funktionsrahmen und im Mosaik gegenwärtigen berufs- und firmenspezifischen Denkens vollziehen. Jedes der herkömmlichen Organisationsmodelle kann als ein geschlossenes System bezeichnet werden, das der Produktivität gewidmet ist. Die Hauptsorge gilt der Risikoverminderung. Größere innovative Anstrengungen werden als Abwei-

22 Hindernisse auf dem Weg zu mehr Kreativität

chung angesehen, den größten Nutzen bringt die Erhaltung des Status quo, und innovative Vorstöße werden als störend empfunden. Befindet sich ein ‚kreativer Störenfried' in der Linie, wie es Abbildung 6 zeigt, so befürchtet sein Vorgesetzter in B_1 ebenso wie auch E, daß diese schöpferische Aktivität eine Unterbrechung des Betriebsablaufs mit sich bringt. Da das System so aufgebaut ist, daß die Produktivität und nicht die Innovation das primäre Ziel ist, besteht für die Führungskräfte keine Verpflichtung, die Kreativität der Mitarbeiter zu fördern. Zwar schließen sich Innovation und Produktivität nicht aus, doch ist offensichtlich die Angst vor der Veränderung des Status quo mit ihren Risiken in den traditionellen Organisationen so groß, daß viele dazu neigen, die Innovation abzulehnen.

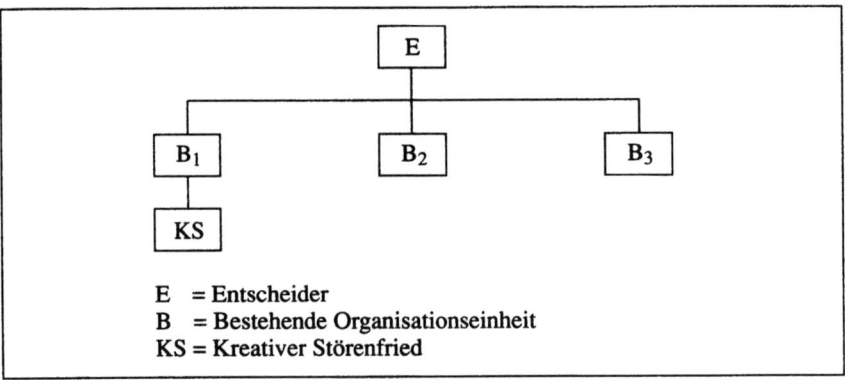

Abbildung 6: Organisation mit ‚kreativem Störenfried'

Größere Unternehmen entscheiden sich häufig, die Ideensuche zu institutionalisieren und eine eigene Forschungs- und Entwicklungsabteilung (F & E) einzurichten. Ein Organigramm dazu zeigt Abbildung 7.

Damit löst man keines der genannten Probleme, sondern schafft vielmehr neue. Es ist nicht zu übersehen, daß mit der Etablierung einer F&E-Abteilung der NHE-Faktor (Nicht Hier Erfunden) gedeiht. Verbesserungsvorschläge

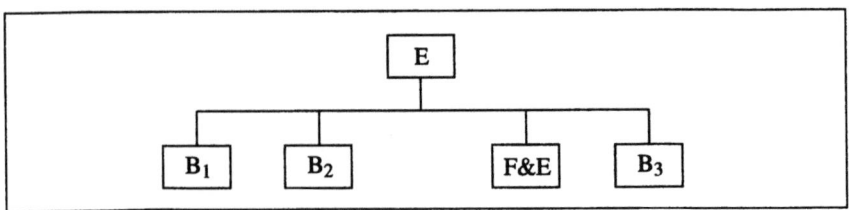

Abbildung 7: Organisation mit institutionalisierter Ideensuche

haben es sicher nicht leichter, sich durchzusetzen, wenn ein Forschungs- und Entwicklungsdepartement existiert, dessen Mitarbeiter die ‚von außen' kommenden Ideen als Bedrohung ihrer eigenen Position im Hinblick auf die Zuteilung von Mitteln, Beförderung und Status ansehen. Diese Bedrohung wird häufig noch dadurch verstärkt, daß die F&E-Mitarbeiter in der Regel am wenigsten Managementerfahrung besitzen, den NHE-Effekt in den anderen B-Abteilungen ebenfalls erleben müssen und nicht die angestammten Privilegien eines Profit-Centers im herkömmlichen Sinne in Anspruch nehmen können.

Eine in der Praxis beliebte Methode, dieses Problem in den Griff zu bekommen, ist die Installierung einer sogenannten Projekttraube, in der innovative Projekte von der Basisorganisation getrennt sind (vgl. Abbildung 8).

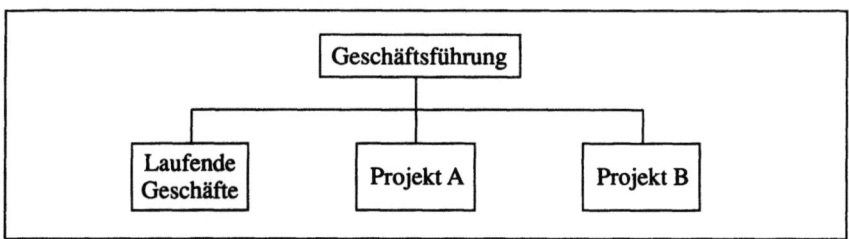

Abbildung 8: Projekttraube

In neuerer Form ist die Projekttraube gänzlich aus der Muttergesellschaft herausgelöst und als eigenständige Tochtergesellschaft aufgebaut, für die häufig die Rechtsform der Aktiengesellschaft gewählt wird und die bis zu 100 Prozent der Muttergesellschaft gehört. Das primäre Ziel dieses externen innovativen Systems ist es, Kreativität und Innovation anzuregen, ohne in Konflikt mit dem Produktivitätsdenken zu geraten, das in der Muttergesellschaft dominiert. Das auf Kreativität eingeschworene Subsystem ist so konstruiert, daß es für die intuitiven Entscheidungssprünge genügend Freiraum schafft, ohne daß jedes Mal der bürokratische Instanzenweg innerhalb des Stammbetriebes beschritten werden muß.

Abgesehen von den systemimmanenten Schwierigkeiten, die traditionell an der Nahtstelle zwischen der Mutter und der innovativen Tochter oder in der Verantwortung gegenüber Anteilseignern und Management zu suchen sind, können auch kreativitätsbezogene Probleme auftreten. Die Institutionalisierung innovativer Töchter kann der Belegschaft des Stammbetriebs das Gefühl vermitteln, von Neuentwicklungen bewußt ausgeschlossen worden zu sein. Eine solche Einschätzung wird sich sicherlich nicht positiv auf die

Motivation zur Ideenproduktion bei den Mitarbeitern der Muttergesellschaft auswirken. Hier sind die Führungskräfte gefordert, diesem Gefühl entgegenzuwirken. Sonst kann es sich leicht zu einem handfesten Syndrom des ‚Ohne mich' entwickeln. Es gibt aber auch einen positiven Aspekt. Innovative Töchter können innovationsfeindliche Tendenzen bei der Mutter reduzieren helfen.

Eine hierarchische Ordnung ist die sichtbare Verkörperung von Macht, die wir Autorität nennen. Sie fordert, daß sich die Individuen ihr in „unverrückbar festgelegter Weise fügen" (French, 1988, S. 20). Diese Zementierung der Autorität kann zu groben Verstößen wider den gesunden Menschenverstand, zur Beeinträchtigung der Leistungsfähigkeit und der sozialen Beziehungen führen. So müssen die Mitarbeiter den Anweisungen von Vorgesetzten auch dann Folge leisten, wenn diese keine professionelle Sachkunde besitzen oder erhebliche moralische Schwächen aufweisen. Der Rang wird zur höchsten Quelle des Respekts. Stephan Chorover stellt für die amerikanische Industrie fest, daß die hierarchische Ordnung dort nichts oder nur wenig mit Leistungsfähigkeit zu tun habe, sondern vor allem einer wirksamen Kontrolle der Arbeitnehmer durch die Arbeitgeber diene. Durch diese Kontrolle sollen nicht-rationale Elemente des menschlichen Verhaltens wie Gefühl, Körperlichkeit, Lust am Spielerischen, Spontaneität und Kreativität eliminiert werden. Marilyn French beschreibt den Preis, den leitende Angestellte zahlen, wenn sie sich den Forderungen der hierarchisch strukturierten Institutionen, in denen sie tätig sind, beugen und ganz und gar in ihrer Arbeit aufgehen: Sie leiden unter innerer Spannung und Angst. Jegliche Kreativität, Phantasie und Intuition sowie jede emotionale Anteilnahme an ihrer Tätigkeit sind ihnen untersagt. Um genau zu sein: ist den Männern untersagt.

‚Führungskräfte sind auch nur Menschen'. Mit dieser banal klingenden Lebensweisheit könnte das Dilemma überschrieben werden, in dem sich Führungspersonen befinden. Sie müssen – so wird es von ihnen gefordert – doppelt erfolgreich sein in einer sich wandelnden Welt, die durch Komplexität, Dynamik und Ungewißheit gekennzeichnet ist: im wirtschaftlichen *und* im sozialen Bereich. Der Erfolg hängt wesentlich von zwei Faktorenbündeln ab:

1. von ökonomischen Faktoren wie Produktivität, Wirtschaftlichkeit und Rentabilität und
2. von sozialen Faktoren wie Betriebsklima und Zufriedenheit der Mitarbeiter.

Ideenfeindlichkeit 25

Seit es zu einer Allerweltsweisheit geworden ist, daß zufriedene Mitarbeiter die besseren Leistungen erbringen, werden Investitionen im sozialen Bereich eher akzeptiert. Man weiß heute, daß die Produktivität nicht ‚stimmt', wenn das Betriebsklima getrübt ist. In den 60er Jahren galten die Zunahme der Pflege der menschlichen Beziehungen und der Abbau der Sachlichkeit im Beruf bei vielen noch als Modeerscheinung und pseudoethisches Ideal. Heute ist die Führungskraft gezwungen, den persönlichen Beziehungen eine überragende Stellung im Wertsystem des Unternehmens zu geben. Da sich jedoch die Führungskraft den Erwartungen weiterer Interessengruppen zu stellen hat (Kollegen, Betriebsrat, Kunden und Anteilseignern), muß es bei Personen der Führung zwangsläufig zu Rollenkonflikten kommen, die sie unter Wahrung unternehmerischer Zielsetzungen bewältigen müssen. Die betriebliche Führung verlangt beispielsweise Spezialkenntnisse, Initiative und Durchsetzungsvermögen, während die Gruppe, für die die Führungsperson zuständig werden soll, mehr Wert auf Teamfähigkeit und Anpassungsvermögen legt. Betrachtet man die Gesamtsituation, in der sich eine Führungskraft in der täglichen Praxis befindet, so läßt sie sich mit Wesser und Grunwald wie folgt kennzeichnen: „Komplexität und Dynamik, Ungewißheit, Ungerechtigkeit, Fremdbestimmtheit, ‚Sachzwänge', Zeitdruck, soziale Abhängigkeiten, unvollkommene Information sowie ein hohes Maß an ‚Tagesgeschäft'". Diese Realität belastet die Führungskraft und hindert sie zum Beispiel auch, sich fortzubilden und an der Expansion des Wissens regelmäßig teilzunehmen. „Bei genauerem Hinschauen erweist sich Führungshandeln als ein ‚mixtum compositum' aus persönlich erlebter Unvollkommenheit, Unsicherheit und Ungewißheit sowie dem Bedürfnis nach persönlicher Sicherheit, Gewißheit, Transparenz und Erfolg" (1985, S. 47).

Diese persönlich erlebte Unvollkommenheit und Unsicherheit rührt zu einem wesentlichen Teil daher, daß der Aufgestiegene, nunmehrige Vorgesetzte, in der Regel seine bisherige Tätigkeit auf einem besonderen Fachgebiet aufzugeben und seine Fachkollegen zu verlassen hat. Statt mit Dingen hat er jetzt mit Menschen zu tun. Wer sich aufgrund guter fachlicher Leistungen ausgezeichnet hat, darf, wenn er zum Vorgesetzten befördert wurde, diese Tätigkeiten nicht mehr ausüben, sondern muß neue Eigenschaften erwerben, nämlich solche, die ihn befähigen, mit Menschen umzugehen. Sein fachliches Können tritt in den Hintergrund. Nach Beobachtungen Riesmans wird derjenige, der aus seiner fachberuflichen Stellung in eine leitende Position aufrückt, nie das Gefühl los, daß sich seine neue Tätigkeit in einer künstlichen Atmosphäre vollzieht, die nur so lange wirksam aufrechterhalten werden kann, wie die Apparatur unter ihm reibungslos funktioniert. In ihrem Neid werden ihm seine Fachkollegen, die er mit seinem Aufstieg überholt hat, nur allzu schnell zu verstehen geben, daß er kein Fachmann mehr unter Fachkollegen ist.

Überhaupt gilt, daß die Kontrollmechanismen gegenüber Managern viel strikter gehandhabt werden als gegenüber Mitarbeitern. Letztere haben dabei noch die zusätzlichen Vorteile, eine oppositionelle Haltung gegenüber dem Unternehmen aufbauen zu dürfen.

Die modernen westlichen Gesellschaften steuern ihr ökonomisches System durch einen Prozeß, in dem fast ausschließlich Spezialisten tätig sind, die nur für eine einzige Funktion ausgebildet wurden und die Verantwortung für Schritte ablehnen, die über diesen eng definierten Funktionsbereich hinausgehen. C. G. Jung bietet eine Erklärung dafür, warum sich kreatives Tun und dessen Realisierung nur selten in einer einzigen Person miteinander verbinden: „Es ist, wie wenn jeder mit einem gewissen beschränkten Kapital an Lebensenergie geboren würde. Das Stärkste an ihm, eben sein Schöpferisches, wird das meiste an Energie an sich reißen; und für den Rest bleibt dann zu wenig übrig, als daß noch irgendein besonderer Wert sich daraus entwickeln könnte" (Fabian, 1974, S. 33).

Es gibt die streng voneinander getrennten Kasten der Avantgardisten und der Technokraten. Die ‚Ideenproduzenten' finden wir häufig in den Stabsstellen oder als Außenseiter in der Linie, während die ‚Macher' Führungspositionen in der Linie einnehmen. Mißtrauen herrscht zwischen diesen beiden. Die ‚schöpferischen Querulanten', wie sie bewundernd-spöttisch genannt werden, produzieren ihre Ideen ohne zu prüfen, ob diese auch realisierbar sind, wodurch die Technokraten in Zugzwang gesetzt werden, was bei ihnen Unsicherheit erzeugt. Es düfte damit verständlicher geworden sein, daß Verbesserungsvorschläge nicht zwangsläufig auf fruchtbaren Boden fallen. Eine durch Unsicherheit geprägte Situation wird durch den Wunsch nach Veränderung mit ungewissem Ausgang noch verstärkt. Es ist aus der Sicht der Führungskräfte nicht überraschend, daß ein „dynamischer Konservatismus, der sich um Überleben, Stabilität und Kontinuität bemüht" (Mueller, 1973, S. 56), betrieben wird. Das äußert sich in einer ausgeprägten Vorliebe für rationale, methodische, standardisierte und damit berechenbare Prozesse, sämtlich Attribute, die den nicht-rationalen Vorgängen bei der kreativen Schöpfung entgegenwirken. Letztere sind nach Donald A. Schon genau das, „was man nicht managen kann, und trotz bester Bemühungen von

Ideenfeindlichkeit 27

Befürwortern der Rationalität, sie zu bändigen und in Reih' und Glied zu bringen, tanzen sie immer wieder aus der Reihe" (1967, S. 65).

Die Ablehnung von Mitarbeiterideen tritt in vielerlei Formen auf und hat unterschiedliche Ursachen. *Die* Führungskraft existiert natürlich nicht, doch kann man aus der Führungsverhaltensforschung wohl Konsens über die folgenden Punkte erzielen. *Führungskräfte wollen*:

(1) ihren sozialen Status und ihre Vorrechte schützen;
(2) den Status quo ihres Lebensstils erhalten;
(3) ihr Selbstbild wahren (das gilt insbesondere dann, wenn der Vorgesetzte meint, immer alles besser wissen und können zu müssen als seine Mitarbeiter);
(4) die Gewohnheiten ihres täglichen Lebens nicht ändern;
(5) respektiert und nicht übergangen werden. Ein Vorgesetzter kommt sich schnell überflüssig vor, wenn der Dienstweg nicht eingehalten werden muß und die Idee an ihm vorbei ‚oben' vorgetragen werden kann;
(6) nicht Furcht haben müssen, es in jedem Fall falsch zu machen. Werden viele Verbesserungsvorschläge von Mitarbeitern seiner Abteilung eingereicht, befürchtet der Vorgesetzte Zweifel an seiner fachlichen Kompetenz; werden nur wenige eingereicht, befürchtet er Zweifel an seiner menschlichen Führungsqualität. Die Furcht der Führungskraft ist fast immer unbegründet, denn die technische Entwicklung hat es mit sich gebracht, daß heute auf vielen Sachgebieten allein der Spezialist die zur Erfüllung einer Arbeitsaufgabe notwendigen Kenntnisse und Fertigkeiten besitzt. Die Zeiten, in denen der Meister in der Lage war, jedem seiner Mitarbeiter jede Verrichtung mustergültig demonstrieren zu können, sind lange vorbei. Es ist heutzutage unmöglich, daß der betriebliche Vorgesetzte gewissermaßen von Amts wegen jeden Verbesserungsvorschlag selbst macht;
(7) nicht in ihrem Prestige verletzt werden. Der prestigemindernde Vorwurf des Versäumnisses wird gefürchtet: Warum sind Sie von Amts wegen als Leiter dieser Gruppe nicht auf diese Idee Ihres Mitarbeiters gekommen?[1]

---

[1] In den berühmten Berichten des Freiherrn von Münchhausen über seine phantastischen Abenteuer wird eine Begebenheit geschildert, die zeigt, welche Folgen ein Versäumnis dieser Art haben kann: Münchhausen war Gefangener am Hofe des Sultans und konnte sein Leben nur dadurch verlängern, daß er dem Sultan jeden Tag einen Vorschlag zur Verbesserung an dessen Hofe einreichte. Es ist erstaunlich, was Münchhausen angesichts dieser Bedrohung alles einfiel. So kam ihm auch folgende Idee: Der Sultan möge seinen Harem

(8) Überhaupt wollen Führungskräfte nach Mark H. McCormack, einem der erfolgreichsten amerikanischen Unternehmensberater, daß ihre Mitarbeiter erkennen, daß es für sie nur einen einzigen Existenzgrund gibt: Sie sollen dafür sorgen, daß ihr Chef einen guten Eindruck macht (1989, S. 150).

Wenn man die verschiedenen Motive der Führungspersonen unter dem Gesichtspunkt eines gemeinsamen Nenners betrachtet, dann ist zu erkennen, daß die Furcht, seine Arbeits- und Lebenssituation nicht ausreichend *kontrollieren* zu können, dieser gemeinsame Nenner ist. Bei hoher Einschätzung der eigenen Handlungskompetenz erwartet eine vorgesetzte Person, daß sie kommende Aufgaben und Situationen erfolgreich bewältigen kann. Sie erlebt das zukünftige Geschehen als von ihr kontrollierbar. Im Gegensatz dazu steht ein Vorgesetzter, der überzeugt ist, nicht über ausreichende Mittel zu verfügen, um die antizipierten Ereignisse beherrschen zu können. Diese Person erlebt Kontrollverlust, das heißt, den Fortfall von Möglichkeiten, willentlich künftige Ereignisse zu regulieren. Sie flüchtet häufig in ein Verhalten, das von Stabilität, Konformität, Disziplin u. ä. geprägt ist. Diese Normen, in festen Regeln fixiert, sind für das kreative Verhalten der Mitarbeiter alles andere als förderlich, ja wirken geradezu kontraproduktiv. Auswege aus diesem Führungsdilemma haben sich als äußerst kompliziert erwiesen. Dieses ständige ‚Sich-zwischen-Baum-und-Borke-Befinden' der Führungskräfte, ohne Aussicht auf Änderung, führt zwangsläufig zu einem persönlichen Leidensdruck, der jedoch weitgehend tabuisiert wird und dessen Folgen man wegzutherapieren sucht. In diesem Spannungsverhältnis entsteht bei Führungspersonen das Bedürfnis nach praktikablen Handlungsmodellen und Orientierungshilfen sowie nach Beratung.

---

doch aus Glas bauen, dann könne er seine Frauen nicht nur ständig sehen, sondern – was vielleicht noch wichtiger sei – er hätte sie auch dauernd unter Kontrolle. Der Sultan war hocherfreut über diesen Vorschlag und ließ sofort seinen Haus- und Hofbaumeister rufen. Als dieser kam, wurde er nicht etwa beauftragt, mit dem Bau zu beginnen, sondern er wurde unverzüglich zum Tode verurteilt und hingerichtet. Begründung: Der Baumeister sei nicht auf diese Idee gekommen, obwohl es seine Pflicht gewesen wäre, darauf zu kommen. Der Herrscher habe 20 Jahre auf die Freude verzichten müssen, seine Damen jederzeit beobachten zu können.

Führungstheorien auf dem Prüfstand

Es existiert eine Flut von Anleitungen für Management und Organisation. In den 60er und 70er Jahren kamen die Gurus der Führungs- und Organisationstheorie aus den Vereinigten Staaten. McGregor, Maslow, Herzberg und Argyris zum Beispiel werden auch heute noch an Universitäten und Business Schools diskutiert. Inzwischen steht man diesen Theorien allerdings distanzierter gegenüber. Für viele sind ‚Management-by'-Techniken zum großen Teil nichts anderes als alter Wein in neuen Schläuchen, der immer wieder variiert, modifiziert, gemixt und mit Erkenntnissen angereichert wird. Doch nach den Worten: „Die Hunde bellen, die Karawane zieht ihren Weg", blieb die Praxis der Unternehmensführung davon weitgehend unberührt.

Unter dem Aspekt der Verwertbarkeit in der Praxis ergibt sich nach Wesser und Grunwald (1985, S. 46 ff.) für die Führungstheorien folgendes Bild:

(1) Führungstheorien werden vorwiegend im wissenschaftlichen Bereich, also an Hochschulen entworfen und sind in der Regel in einer für den Praktiker unverständlichen Sprache abgefaßt.
(2) Führungskräfte aus der Wirtschaft werden nur selten an der Konzeption von Führungsmodellen beteiligt.
(3) Die so entworfenen Theorien unterliegen in starkem Maße den Eigengesetzlichkeiten des Wissenschaftsbetriebes und können dabei sehr komplex sein, was sie schwer verständlich und anwendbar macht.
(4) Im großen und ganzen handelt es sich um eine zum Teil unkritische Rezeption amerikanischer Forschungsergebnisse.
(5) Führungskonzepte werden unzulässigerweise simplifiziert und übergeneralisiert. Sie bilden zum einen die betriebliche Realität nur unzureichend ab und setzen voraus, daß sie in allen Ländern, Kulturen und Organisationen und bei sämtlichen Persönlichkeitstypen gleiche Wirkung zeigen.
(6) Führungstheorien sind so gut wie nie ganzheitlich ausgelegt, sondern beziehen sich auf Führung, Motivation, Kommunikation und Organisation als voneinander unabhängige Sachverhalte verschiedener Disziplinen, wie Betriebswirtschaftslehre, Psychologie, Soziologie.
(7) Führungstheorien gehen zeitlich verzögert in die Praxis ein und führen dort zu einer neuen Realität, die mit der ursprünglich vorgefundenen, auf die sie zugeschnitten waren, nicht mehr übereinstimmt.

(8) Führungsmodelle werden – da sie sich in der Praxis ebenso wie die Personen, die sie anwenden, zu bewähren haben – zu Waren. Damit unterliegen sie den Gesetzmäßigkeiten des Marktes und einem Produktlebenszyklus. Dieser wird immer kürzer, weil die Führungskräfte erkennen müssen, daß die Modelle ihre unternehmerischen Probleme aufgrund der bestehenden Unzulänglichkeiten nicht lösen können und von einem Führungsmodell ins nächste flüchten, um dem bestehenden eigenen und fremden Erwartungsdruck gerecht zu werden.

Diese ungelösten Probleme gewinnen dadurch an Brisanz, daß sie den geistigen und handwerklichen Hintergrund vieler Führungskräfte und Unternehmensberater bilden. Der Einsatz in der Praxis führt dann zu der oft schmerzlichen Erkenntnis, daß das Modell der betrieblichen Realität nicht angepaßt ist. Beispiel: Der Seniorchef ist der unumstrittene Patriarch und will lediglich Aufgaben *delegieren* und nicht – wie man es nach dem Führungsmodell praktizieren sollte – Aufgaben, Kompetenzen und Verantwortung *teilen*.

Hinzu tritt, daß Führungswissen und Führungshandeln häufig als ‚Sozialtechnologie' oder ‚Psychotechnologie' mißverstanden wird. Das ganze nach dem Motto: Hier bei A bin ich, dort bei B ist mein Mitarbeiter. Wie bekomme ich ihn mit geringstmöglichem Aufwand nach A? Der Mensch wird hier als ein Produktionsfaktor unter anderen Produktionsfaktoren gesehen.

Wesser und Grunwald empfehlen zur Überwindung der ungelösten Probleme der Führungstheorie und -praxis – zum Teil sehr zurückhaltend und vorsichtig formulierend – unter anderem folgendes:

(1) Prüfung, ob das naturwissenschaftlich orientierte Modell der Erkenntnisgewinnung nicht einer verstehenden, ganzheitlichen Betrachtungsweise des Führungsphänomens weichen kann. Der Mitarbeiter ist dabei als ganzer Mensch (mit Familie, privaten Interessen ...) und nicht nur als Facharbeitskraft zu betrachten. Das Besondere der jeweiligen gewachsenen Organisation ist zu berücksichtigen.

(2) Kritisches Bewußtsein der Führungskräfte angesichts der Vielzahl von Heilslehren und Patentrezepten. Die Betriebsangehörigen in Vorgesetztenpositionen sollen eine kritisch-konstruktive Einstellung gegenüber diesen oft populärwissenschaftlich dargebotenen und beruflichen Erfolg sowie persönliches Glück suggerierenden Führungsmodellen vermittelt bekommen.

(3) Führungskräfte müssen auch die Philosophie des Sichdurchwurstelns beherrschen, ohne diese Einstellung nun zur Maxime für die tägliche Praxis zu erheben. Dabei sind angesichts des exponentiellen Wachstums der Wissenschaften ... Führungskräfte und Bildungsexperten aufgerufen, über neue und zukunftsweisende Konzeptionen nachzudenken.

Im Zentrum der Führungstheorien stehen die *Motivationstheorien*. Kaum eine Trainingsveranstaltung für Manager, in der sich nicht lerntheoretische oder tiefenpsychologische Motivationstheorien im Mittelpunkt befinden; kaum eine Abhandlung über Führungslehre, in der nicht wenigstens ein Kapitel dem angeblich leistungssteigernden ‚Antreiberverhalten' der Vorgesetzten gewidmet ist.

Motivation – was verbirgt sich hinter diesem Begriff? Mit Motivation bezeichnet man einerseits den Zustand aktivierter Verhaltensbereitschaft des Mitarbeiters, andererseits aber auch die Aktivitäten, um diesen Zustand zu erreichen und zu erhalten. Und diese Aktivitäten können vom Individuum selbst (Selbstmotivation) oder von einer anderen Person, in der Regel von einem Vorgesetzten ausgehen (Fremdmotivation). Antoine de Saint-Exupéry hat dazu ein gutes Beispiel gebracht: „Wenn du ein Schiff bauen willst, dann trommele nicht Männer zusammen, um Holz zu beschaffen, Aufgaben zu verteilen und die Arbeit einzuteilen, sondern lehre die Männer die Sehnsucht nach dem weiten, endlosen Meer".

Wer sich mit Motivation beschäftigt, stößt immer wieder auf zwei Namen: Abraham Maslow und Frederick Herzberg. Maslow konzipierte bereits in den 50er Jahren so etwas wie eine menschliche Bedürfnispyramide, wie sie Abbildung 9 darstellt.

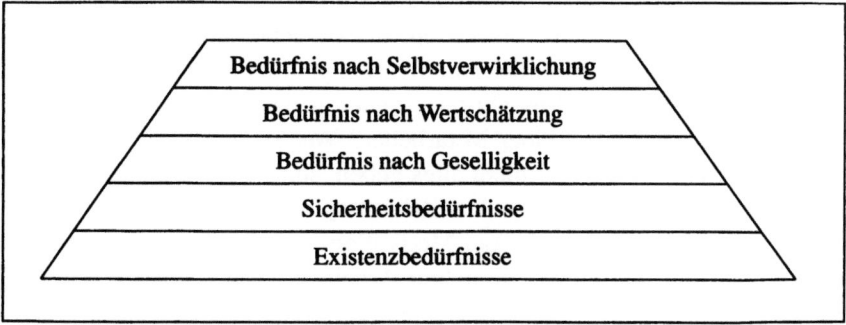

Abbildung 9: Maslows Bedürfnispyramide

Jahre später fügte er noch eine weitere Stufe hinzu: das Bedürfnis nach Gipfelerlebnissen (peak-experiences). Maslow glaubte, der Mensch müsse erst volle Befriedigung auf der jeweils vorigen Stufe erreichen, bevor er sich weiter nach oben orientiert. Beispiel: Wer materiell nicht befriedigt ist, strebt nicht nach Geselligkeit. Dieses Robinson-Beispiel haben wohl viele Initiatoren von Incentive- und Motivationsprogrammen im Sinn, wenn sie für Mitarbeiter Reisen und Wochenenden empfehlen, damit diese, nachdem die unteren Bedürfniskategorien befriedigt sind, nach Höherem streben – auch und gerade zum Nutzen des Unternehmens.

Bei der kritischen Betrachtung des Maslow-Modells stößt man darauf, daß der Mensch kein hierarchisch gestaffeltes Bedürfnisbündel ist. Während des Geldverdienens beispielsweise, das als Mittel für die Befriedigung existenzieller Bedürfnisse dient, kann sich die Möglichkeit ergeben, zum Beispiel das Bedürfnis nach Wertschätzung zu befriedigen. Oder es sei an den Maler von Montmartre erinnert: Ob dieser etwas zu essen hat, oder wie er die nächste Miete bezahlen soll, interessiert ihn solange nicht, wie er an dem Bild arbeitet, das seiner Selbstverwirklichung dient.

Der andere weltbekannte Motivationspsychologe, Herzberg, hatte die Schwächen des Maslow-Modells erkannt und eine Zwei-Faktoren-Theorie der Motivation aufgestellt. Er unterschied zwischen Motivatoren (wie Leistung, Anerkennung, Verantwortung, Beförderung, die Arbeit selbst) und Hygienefaktoren (nicht direkt motivierend, jedoch Unzufriedenheit schaffend, wenn sie nicht ‚stimmen'). Dazu gehören: Betriebsklima, Personalpolitik und Arbeitsbedingungen.

„Diese beiden *Grundtheorien* der Motivation sind heute jeder Führungskraft geläufig, und auf ihnen baut ja der ganze *Motivations*zirkus auf, der so viele Ideen und Geld verschlingt und so wenig bewirkt" (Martin, 1989, S. 91). Eine ebenso harsche Kritik stammt von Reinhard K. Sprenger, der mit seinem Buch „Mythos Motivation" (1992) schonungslos mit dem abrechnet, was bisher an Mitarbeitermotivation praktiziert wird.

Die zentrale Frage der Motivationspsychologen lautet: Wie bekomme ich die *ganze* Arbeitskraft meiner Mitarbeiter? Wer so fragt, setzt allerdings voraus, daß die Mitarbeiter nicht alles geben, sondern daß sie den Betrieb um einen Teil ihrer möglichen Arbeitsleistung betrügen. Damit basiert der Versuch des Vorgesetzten, der per Motivationstechnik die Lücke zwischen potentieller und tatsächlich erbrachter Arbeitsleistung schließen will, auf *Verdacht* und *Mißtrauen*. Der von Sprenger zitierte österreichische Unternehmensberater Christian Freilinger verschafft dieser Aussage ein empirisch-gesichertes Fundament. Seine Studie zeigt, daß die „Mehrzahl der befragten 400 Führungskräfte selbst ihre engsten Mitarbeiter als arbeitsscheu, nur durch materielle Anreize angetrieben und Kontrollen diszipliniert, einstufte" (1989, S. 90).

Mithin kann die Frage der Motivationspsychologen dahingehend präzisiert werden: Wie kann man einen Mitarbeiter zu einem Tun bewegen, an dem der Vorgesetzte interessiert ist, welches der Mitarbeiter aus sich heraus jedoch nicht realisieren würde? Diese Form der Motivation haben wir als Fremdmotivation bezeichnet, sie wird auch Fremdsteuerung genannt. Bisweilen fällt auch der Begriff der Manipulation. Diese Fremdsteuerung oder welcher Begriff auch immer verwandt wird, ist nicht a priori etwas Negatives. Manipulation ist ein Teil unserer Alltagsroutine. Daß sich diese Alltagsroutine jedoch nicht ganz unproblematisch vollzieht, bemerkt Ernest Dichter, einer der bekanntesten und eifrigsten Verfechter des Einsatzes von Techniken zur Manipulation menschlichen Verhaltens: „Für manche Menschen ist jede Einflußnahme auf die Natur des Menschen falsch und unmoralisch; andere widersprechen den Zielen, um deretwillen die Techniken der Überzeugung eingesetzt werden. Es ist interessant, wieviel emotionale Furcht mit dem Thema Einflußnahme verbunden ist" (1971, S. 12).

Daß ein Mitarbeiter Ideen entwickelt, damit das Unternehmen wettbewerbsfähig bleibt, müßte sich eigentlich von selbst verstehen. Doch heißt ‚wettbewerbsfähig bleiben' nicht auch, daß möglicherweise rationalisiert wird? Und da ist das Ziel des Unternehmens dem Ziel des einzelnen Mitarbeiters entgegengesetzt. Dieser will seinen Arbeitsplatz behalten und auf keinen Fall durch seine Kreativität an dem Ast sägen, auf dem er sitzt, das heißt den eigenen Arbeitsplatz durch seine Ideen selbst wegrationalisieren.

Es gibt Führungskräfte, die glauben, man brauche nur ein sehr raffiniertes psychologisches Instrumentarium einzusetzen, um die Mitarbeiter das tun zu lassen, was sie freiwillig nicht tun würden. Daß die Mitarbeiter über die wahren Absichten dieser Führungskräfte häufig im unklaren bleiben, rächt sich nicht selten auf ebenso verdeckte Weise. Sprenger nennt hier Pay-off-Situationen, die trickreich genutzt werden: angefangen von der manipulierten Reisekostenabrechnung über das Abzweigen von Produkten oder Büromaterial bis hin zur inneren Kündigung, einem Virus, von dem nach neuesten Schätzungen über 50 Prozent der Belegschaft in vielen Unternehmen infiziert sind. Besonders demotivierend ist Motivierung, die entlarvt wird.

Offenheit und Ehrlichkeit zahlen sich hingegen aus. Der Mitarbeiter darf nicht – und da knüpfe ich beim ersten Punkt an – im unklaren darüber gelassen werden, welchen Stellenwert seine Ideen für das Unternehmen haben. In der Öffentlichkeit diskutierte gerichtliche Verfahren um Prämien für Arbeitnehmererfindungen haben hier viel Mißtrauen gesät.

Das Instrumentarium an Anreizen, das installiert wird, um die beobachtete oder auch nur behauptete Motivierungsschere zwischen Führung und Geführten auf dem Sektor der Ideenfindung zu schließen, sollte auch von seinen Konsequenzen her gesehen werden. In der Praxis ist zu beobachten, daß dort, wo Fremdmotivation eingesetzt wird, es ohnehin oft zu spät ist. Den ‚Abgestellten' wieder zu einem ‚Angestellten' zu machen, ist ein schwieriges Geschäft, das dadurch erschwert wird, daß „fast alle Motivierungstechnik in der Arbeitssphäre" ansetzt, wo doch „die Motivationslage der Geführten sich aus unterschiedlichen Umständen und Gegebenheiten speist, die zum weitaus größten Teil außerhalb der Arbeitssphäre liegen und durch Anreize aus dem Umfeld des Unternehmens auch kaum beeinflußbar sind" (Sprenger, 1989, S. 90).

Außerdem wirkt Fremdmotivation nur kurzfristig. Ihre Wirkung verpufft schnell und muß ständig wiederholt werden, was aufreizend und teuer sein kann. Zum weiteren schlägt Fremdmotivation leicht in ihr Gegenteil um: Mitarbeiter, die bei einem Ideenwettbewerb nicht zu den Siegern zählen – und naturgemäß ist die Zahl der Verlierer größer als die der Sieger –, werden schnell frustriert, vor allem, wenn sich diese für sie negative Erfahrung wiederholt.

Wenn Fremdmotivation zu wenig effektiv, auf Dauer zu teuer ist, nur kurzfristigen Erfolg hat und „nur vor dem Hintergrund eines Menschenbildes funktioniert, das Abhängigkeit höher stellt als Selbstverantwortung" (Martin, 1989, S. 92) – welche Möglichkeit bleibt dann? Als Antwort: Bedingungen zu schaffen, die die *Selbstmotivation* von Mitarbeitern zuläßt. Die sich hier sogleich anschließende Frage lautet: Was können Führungskräfte tun, um eine dauerhafte und hohe Selbstmotivation ihrer Mitarbeiter zu ermöglichen und ihre schöpferische Kraft in den Dienst des Unternehmens zu stellen? Auf der Basis der Überlegungen von Martin und Sprenger sind folgende Punkte zu nennen:

(1) Klima gegenseitigen Vertrauens schaffen. Ehrlichkeit der Führenden als unabdingbare Voraussetzung. Weg von der Manipulationsverherrlichung Dwight D. Eisenhowers: „Motivation ist die Fähigkeit,

einen Menschen dazu zu bringen, das zu tun, was man will, wann man will und wie man will – weil er selbst es will" (Sprenger, 1992, S. 52). Die Ziele des Vorgesetzten sind nun einmal die Ziele des Vorgesetzten und entsprechend als solche zu kennzeichnen.

(2) Die Führungskraft hat das Recht, Forderungen zu stellen, Vereinbarungen zu treffen und diese zu kontrollieren.

(3) Gezielte Förderung der Stärken der Mitarbeiter. Nur diese Stärken bilden auf Dauer das Potential, aus dem Selbstmotivation erwachsen kann.

(4) Nur eine motivierte Führungskraft überträgt die Begeisterung auf andere, ohne ausgeklügelte Manipulationstechniken zum Einsatz kommen zu lassen. Martin sagt das an die Adresse der Führungskräfte gerichtet so: „Nur wenn Sie selbst motiviert sind, können Sie das Thema Motivation Ihrer Mitarbeiter für immer vergessen".

(5) Es muß den Mitarbeitern möglich sein, über ihre eigene Tätigkeit, über das hergestellte Produkt oder die Teilverrichtung, die sie machen, Sinnbezüge zum Gesamtprodukt, zum Unternehmen, zur Umwelt und zu ihrem eigenen Leben herzustellen. Die Mitarbeiter sind zu informieren über die Stellung des Unternehmens im Markt, über die Kosten- und Ertragslage und über konjunkturelle Zusammenhänge.

(6) Führen bedeutet: „Zulassen, daß Energien ungehindert fließen und sich individuelles Unternehmertum bahnbricht, aber auch Abbau von regulativen Blockaden, Dämmen und energieabsorbierenden Stauungen ... wie das Durchspülen von sklerotisierten Energiebahnen im Unternehmenskörper ... Wir brauchen keine Mitarbeiter, die ihren Vorgesetzten oder irgendwelchen Vorschriften im Gehorsam vorauseilen, sondern die dem Unternehmen mit Intelligenz, Kritik und Risikobereitschaft dienen" (Sprenger, 1992, S. 214).

Soll das Wort von Karl Jaspers gelten: „Was der Mensch ist, das ist er durch die Sache, die er zur seinen macht", dann gilt es, diese Sinnbezüge zu ermöglichen, Freiraum zu schaffen für Neugieraktivität, Funktionslust und das Streben nach ganzheitlicher, sinnerfüllter Arbeit. Sinn kann jedoch nicht vom Unternehmen geboten werden, sondern muß von jedem Mitarbeiter ganz individuell gefunden werden. Denn die Motivation ist unwidersprechlich Sache des einzelnen. Ihr Spielraum zu geben, das ist Sache der Führung.

Die Motivationspsychologie ist ein Produkt aus den Zeiten, als die Arbeit aufgespalten und fragmentiert wurde. Man ging daran, mangelndes Forderungspotential und Sinnleere mancher Arbeitsplätze mit Geld oder anderen Motivatoren zu kompensieren, anstatt die Arbeit kreativ, produktiv und interaktiv mit deutlicher Beziehung zur betrieblichen Gesamtleistung zu gestalten. Und wo kann Arbeit all die genannten Kriterien besser erfüllen als in den Quality Circles, Talentschuppen oder Lernstätten – sämtlich Orte schöpferischer Tätigkeit?

Eine der wichtigsten – wahrscheinlich sogar *die* wichtigste Voraussetzung für das Umsetzen dieser Empfehlungen, die dazu beitragen sollen, um aus dem Dilemma der Führung herauszugelangen, ist eine Einstellungs- und Verhaltensänderung der Führungskräfte. Dies ist jedoch auch und gerade im Bereich des Ideenmanagements ein wunder Punkt; denn wer nimmt schon gern Abschied von liebgewonnenen Gewohnheiten und eingeschliffenen Verhaltensweisen und geht freiwillig und ohne Not eine Vielzahl von materiellen und sozialen Risiken ein? Selbst dann, wenn ein eingefahrenes Verhalten nicht als nutzbringend, sondern als schädlich erkannt wird, und der unbedingte Wunsch besteht, dieses Verhalten zu ändern, ist es nicht immer leicht, dies auch zu realisieren. Man denke in diesem Zusammenhang an die vielen Raucher, die vergeblich versuchen, sich dieses gesundheitsgefährdende Tun abzugewöhnen.

Die Japaner lächeln häufig über die westliche Motivierungsakrobatik. Vieles von dem, was unsere Führungskräfte veranstalten, um die hundertprozentige Leistung ihrer Mitarbeiter zu bekommen, hat kein japanisches Äquivalent. Als entscheidend für eine Führungskraft wird dort die Fähigkeit angesehen, die Neigungen und Talente der Untergebenen richtig zu erkennen und zu fördern. Die Beziehung zueinander basiert auf gegenseitigem, unbegrenztem Vertrauen und mündet in eine tiefe emotionale Bindung an das Unternehmen, die religiöse Züge trägt. Die Frage nach potentiellen negativen Auswirkungen einer solch starken Bindung auf die Kreativität der Japaner wird noch zu stellen sein. Die Antwort auf diese Frage ist um so interessanter, als Kreativität *der* Schlüsselfaktor für den Erfolg in den 90er Jahren ist.

Ein Kapitel für sich: Frauen als Führungskraft

Obwohl die Ausbildung der Frauen immer qualifizierter wird, arbeiten sie weiterhin vorwiegend auf den unteren Stufen der betrieblichen Hierarchien. Als Direktorinnen, Amts- oder Betriebsleiterinnen sind lediglich 0,5 Prozent der Frauen beschäftigt – im Gegensatz zu 2,1 Prozent bei den Männern

(Kaltenbach, 1988, S. 287 ff.). Frauen sind in ihrer beruflichen Entwicklung durch eine große Zahl von Problemen gehemmt. Wenn sie weiterkommen wollen, müssen sie einen Weg finden, um Beruf, Partnerschaft und Kinderwunsch miteinander zu vereinbaren. Angesichts dieses Dilemmas sind viele Frauen bereit, auf eine mögliche Karriere zu verzichten. Aber auch Frauen, die keine Kinder haben, bleiben, was ihre soziale Position in der Gesellschaft betrifft, weit hinter den gleichaltrigen Männern zurück. Eine zentrale Rolle spielt hierbei die Überlegung, daß es sich mit einer glücklichen Beziehung nicht vereinbaren läßt, wenn die Frau erfolgreicher ist als der Mann.

Die Vorstellung von der männlichen Überlegenheit ist in den westlichen Industrienationen noch immer so stark verwurzelt, daß zumindest nach außen hin der Anschein von weiblicher Schwäche und Unterlegenheit entsteht. Im ehemals sozialistischen Ausland stellte sich die Situation gänzlich anders dar. Dort, wo der Ausbildungsgrad das Markenzeichen einer Familie war, zählte der Beruf der Frau mit, er wurde sogar aufmerksamer bewertet, weil er Rückschlüsse auf Lebenshaltungen zuließ. Der offizielle Führungsanspruch wurde zwar den Männern überlassen, doch fand die Auseinandersetzung zwischen den Geschlechtern in den Familien und Partnerbeziehungen statt. Der Schwächere war dabei nicht a priori die Frau. Es wurde nicht sofort die traditionelle Entscheidung zugunsten des Mannes getroffen. Die große Verunsicherung im Osten, wie wir sie zur Zeit miterleben, wird nicht zuletzt durch die neu gestellte Machtfrage in den Familien hervorgerufen.

Für viele Männer passen die beiden Begriffe ‚weiblich' und ‚Führungskraft' nicht zueinander, schließen sich sogar aus. In ihren Augen haben Führungspersonen aggressiv und emotionslos zu sein. Auch einigen Frauen bereitet der Gedanke an Führungskräfte mit betont weiblichem Verhalten Unbehagen, weil er auf Unterschiede zwischen den Geschlechtern zu einer Zeit hinweist, in der viele versuchen, sich selbst und andere davon zu überzeugen, daß zwischen Männern und Frauen hinsichtlich ihres Managementstils keine wesentlichen Unterschiede existieren.

Marylin Loden gehört nicht zu diesen Frauen. Mittels großangelegter Studien hat sie herausgefunden, daß es einen eigenen weiblichen Führungsstil gibt, der sich auf Parameter stützt, „die als eher weiblich gelten, darunter das Ausdrücken von Gefühlen, die vermehrte Nutzung der Intuition bei Problemlösungen und die verstärkte Betonung der Rolle zwischenmenschlicher Beziehungen" (1988, S. 19). Nichtsdestoweniger wurde und wird ein originärer weiblicher Führungsstil mit seinen spezifischen Eigenschaften noch weitgehend ignoriert. Man empfahl bzw. empfiehlt im Gegenteil den Frauen, sie mögen sich wie Männer verhalten, wenn sie erfolgreich sein wollen. Fast alle Offerten zielen darauf ab, eventuell bestehende Unterschiede zwischen Männern und Frauen zu verwischen. Frauen sollen sich demzufolge strategischer, selbstbewußter, wettbewerbsorientierter, weniger emotional und empfindsam verhalten. So ist es nicht verwunderlich, daß sich noch in der jüngsten Vergangenheit die Mehrzahl der erfolgreichen Frauen nur als Clowns der männlichen Kollegen erwies. Bis herab zu den Nadelstreifenkostümen und Krawatten legten diese Frauen es darauf an, mit den Männern in Wettbewerb zu treten und sie mit deren eigenen Waffen zu schlagen.

Wenn dies auch einigen höchst erfolgreichen Frauen gelang, scheint der großen Mehrheit der weiblichen Manager der traditionelle maskuline Führungsstil nicht zu behagen. Er kommt den angeborenen weiblichen Fähigkeiten nicht entgegen, sondern hindert sie daran, von ihrem natürlichen weiblichen Potential bestmöglichen Gebrauch zu machen. Eine leitende Bankangestellte formuliert das so: „Das ist fast, als versuche man plötzlich mit der linken Hand zu schreiben, nachdem man es dreißig Jahre lang mit der rechten getan hat. Statt besser zu werden, leistet man weniger. Ständig fragt man sich ‚Was würde ein Mann in dieser Lage tun?', und da man das nicht weiß, versucht man es zu erraten. Dabei hört man dann auf, sich auf seinen Instinkt zu verlassen und sich selbst zu vertrauen" (Loden, 1988, S. 81).

Im tiefsten Grunde läßt sich die Geschichte der Frau im Management nur innerhalb des Kontextes des Maskulinismus verstehen. Betty Harragan diskutiert in diesem Zusammenhang die Ähnlichkeit zwischen der Unternehmenswelt und dem Militär: „Wenn es einen Platz gibt, an dem die meisten Frauen nie gewesen sind und an dem sie hoffen, niemals zu sein, dann ist das die Armee. Deshalb mag es vielleicht eine erschütternde Offenbarung sein, wenn man als Gehaltsempfänger eines Geschäftsunternehmens erkennt, daß man einer klassischen militärischen Organisation angehört" (1978, S. 38).

Haben Frauen es trotz aller inneren und äußeren Schwierigkeiten geschafft, eine Führungsposition einzunehmen, werden sie in ihrer Tätigkeit als Vorgesetzte mit neuen Problemen konfrontiert. In der täglichen Praxis wird der vorgesetzten Frau häufig direkt oder indirekt zu verstehen gegeben, daß die Familie ihr eigentlicher Lebenshorizont zu sein habe. Dies steht in deutlichem Gegensatz zu den Schlagworten von der akzeptierten Quotenregelung oder den Erfolgsfrauen im Management. Wo berufliche Aufbruchstimmung bei den weiblichen Mitarbeitern zu vermuten wäre, zeigt sich ein düsteres Bild. Abgesehen davon, daß sich kleine und mittlere Betriebe der Forderung von Frauen weitgehend verschließen, behaupten Marjorie Bayes und Peter M. Newton in einer sozialpsychologischen Analyse über „Frauen an der Macht", daß überraschend viele fähige Frauen einfach gar nicht nach oberen Managementpositionen streben.

Gestützt wird diese Aussage durch Karin Flaake: „Frauen haben zu Macht und Autorität oder – um es neutraler zu formulieren – zu herausgehobenen Positionen ein problematisches Verhältnis" (1989, S. 78). Frauen fällt es schwer, selbstbewußt zu den eigenen Leistungen zu stehen und sich ebenso nach außen darzustellen. Es fällt ihnen in der Regel leichter, Mißerfolge zu präsentieren, während die Leistungen von Männern und deren Fähigkeiten häufig unterstützt und herausgestrichen werden. Eigene Erfolge der Frauen sind hingegen von der Tendenz begleitet, daß Einschränkungen und Relativierungen von den Frauen selbst vorgenommen werden. Sie vermeiden auf diese Weise, als Person mit einer klaren Position für alle deutlich sichtbar zur Partnerin für Auseinandersetzungen zu werden. Es scheint für sie bedrohlich zu sein, etwas Besonderes geleistet zu haben. Deshalb wählen Frauen oft den Weg der Selbstverkleinerung. So verzichten sie beispielsweise darauf, sich als kompetente Diskussionspartnerinnen zu zeigen und überlassen den Männern häufig die Position der Überlegenen. Frauen vermeiden ganz generell die offene Konkurrenz zu Männern und die damit verbundenen Auseinandersetzungen. Sie verzichten häufig schon im Vorfeld darauf, Männern selbstbewußt mit eigenen Kompetenzen und Einschätzungen gegenüberzutreten. Man spricht in diesem Zusammenhang von einer Tendenz der Frauen zur Selbstsabotage, zu einer Vorwegnahme möglicher Schwierigkeiten, die verhindert, daß die Grenzen der eigenen Möglichkeiten tatsächlich ausprobiert werden. Dem zugrunde liegt das Bestreben, zu anderen Trennendes zu vermeiden und Nähe, Verbundenheit und Gemeinsamkeit aufrechtzuerhalten. Die Kehrseite der prinzipiell positiv zu bewertenden Haltungen wie Empathie und Beziehungsfähigkeit ist die Gefahr des Selbstverlustes. Aktiv-aggressive Anteile haben in einem solchen Selbstbild keinen oder nur wenig Raum. Die Integration dieser Tendenzen in das Selbstbild ist jedoch die Voraussetzung dafür, daß Durchsetzungs- und Entscheidungsbereitschaft nicht mit Schuldgefühlen, sondern positiv erlebt werden können. Frauen, die bereit sind zu kämpfen, zu konkurrieren und sich dabei zu profilieren, haben Schwierigkeiten, dieses Verhalten für sich selbst und für Frauen generell zu akzeptieren. Sie schneiden in den Beurteilungen häufig nicht gut ab und gelten oft als hart, karrieresüchtig, ehrgeizig und intrigant – alles Eigenschaften, die sie zu wenig attraktiven Frauen machen.

Frauen stehen hier vor der Anforderung, ihre traditionell weiblichen Elemente zu verbinden mit dem, was man als traditionell männlich bezeichnet. Weibliches Einfühlungsvermögen, ihr ausgeprägtes Sensorium für feine Schwingungen, ihre hohe Sensibilität und ihre eher ganzheitlich ausgerichtete Lebensauffassung, gepaart mit ‚männlicher' Konfliktfähigkeit, Durchsetzungs- und Entscheidungsbereitschaft, sind eine ideale Kombination für Führungskräfte – auch und gerade in *innovativen* Bereichen. Eine solche Integration, die nicht den Merkmalen des als männlich Apostrophierten nachgebildet ist und zugleich die Beschränkungen des traditionell Weiblichen aufzuheben vermag, würde es den Frauen ermöglichen, aus dem Schatten der auf den Führungsetagen dominierenden Männer herauszutreten. Erfolgreiche Frauen, die bereit sind, sich aus der Gleichheit hervorzuwagen und eine herausgehobene Position einzunehmen, zeigen, daß der eigene Ehrgeiz und die dabei gezeigte Aggressivität die tiefe Sehnsucht der Frauen nach Nähe und Verbundenheit nicht zerstören.

Die Lösung aus den vorgegebenen weiblichen Rollenvorstellungen ist ein langwieriger und schwieriger Prozeß. Häufig sind Frauen erst nach der sogenannten Familienphase frei, sich voll zu entfalten. In der krisenträchtigen mittleren Lebensphase kann sich diese eigentlich sehr negative Konstellation jedoch zum Positiven wenden. Da Frauen in dieser Situation häufig nichts zu verlieren, aber alles zu gewinnen haben, fällt es ihnen leichter, in einem Alter, in dem die meisten Männer bereits völlig auf einen bestimmten Arbeitsstil festgelegt sind, *neue Ideen* vorzubringen bzw. zuzulassen und ganz neue Wege zu beschreiten. Ob ihnen dabei von Männern Hilfestellung geboten wird, kann nach dem augenblicklichen Stand der Erkenntnis bezweifelt werden. „Männer *tolerieren* heutzutage zwar eher Abweichungen vom traditionellen Rollenverständnis, aber im Grunde *wünschen* sie solche nicht ... Je mehr eine potentielle Überlegenheit der Frau an ihren persönlich-privaten Bereich heranreicht, desto reservierter reagieren die Männer" (Schmidt, 1989, S. 20).

All diese Ausführungen sind zur Erklärung der Hemmnisse für Frauen, in die Chefetagen zu gelangen, unvollständig ohne diesen Punkt: die Angst der Männer vor den Frauen. Angst vor Frauen, vor zu viel Nähe, hat viele Männer die Flucht ins Management antreten lassen. Der Beruf dient als Abwehrmechanismus gegen zu große emotionale Anforderungen. Und jetzt werden sie von den Frauen dorthin auch noch verfolgt. Dabei dürfen die Männer diese Angst nicht zeigen, denn Angst paßt nicht zum Mythos Mann. Wenn wir in hohen Positionen bisher mehr die perfekten, unnahbaren, also eher männlichen Frauen vorfinden, so liegt dies nicht allein nur an der Anpassung an die Rollenerwartung, sondern auch daran, daß dieser Frauentyp den Männern weniger Angst macht als der sehr weibliche und deshalb auch nicht so viele Hindernisse in den Weg gelegt bekommt. Außerdem stellt er auch den Mythos Mann weniger in Frage, sondern bestätigt ihn eher.

Welch eine paradoxe Situation: Auf der einen Seite die weiblichen Führungskräfte, die ‚von Haus aus' stark kreativ disponiert sind. Sie könnten von daher auch ausreichendes Verständnis für ihre schöpferischen Mitarbeiter aufbringen – ihnen fehlt jedoch die nötige Macht zur Durchsetzung. Auf der anderen Seite die männlichen Führungskräfte, die diese Macht hätten, denen aber Kreativität, Phantasie und Intuition weitgehend untersagt sind. Die Aufhebung der von der patriarchalischen Gesellschaft geschaffenen Unterscheidung nach weiblichen und männlichen Prinzipien menschlichen Verhaltens würde den Männern mehr Mut zur Entfaltung ihres emotionalen Potentials geben und die kreativen Leistungen der Frauen stärker vor Diskriminierungen bewahren und ihnen mehr Geltung verschaffen.

Befürchtungen und Enttäuschungen – Ideenkiller auf seiten der Mitarbeiter

So wie manche Führungskraft in Sorge vor aktiven und ideenreichen Mitarbeitern lebt, so geschieht dies auch umgekehrt. Mitarbeiter, die ihren Arbeitsplatz kritisch-konstruktiv betrachten und ständig auf der Suche nach Verbesserungen sind, leben häufig in Furcht vor ihren Vorgesetzten. In der Theorie hört sich manches sehr gut an: „Der aktivierte Mitarbeiter wird zum Nach- und Mitdenken bei der ihn betreffenden Arbeitsgestaltung angeregt. Dabei wird durch das Einreichen von Vorschlägen sein Selbstbewußtsein erhöht, sein Interesse am Arbeitsablauf angeregt und ein höheres Verantwortungsbewußtsein bewirkt. Das alles sind Sachverhalte, die dazu beitragen, zu einer verständnisvolleren Zusammenarbeit zu führen" (Thum, 1971, S. 130). Die Praxis sieht allerdings anders aus.

42 Hindernisse auf dem Weg zu mehr Kreativität

Die auftauchenden Rivalitäten können jedoch damit umgangen werden, daß auch dem Vorgesetzten für die aus seiner Abteilung eingegangenen Verbesserungsvorschläge eine kleine Prämie bezahlt wird. So wird ihm auch gleichzeitig ein Leistungsstimulanz gegeben, um das gesamte Vorschlagswesen in seinem Bereich ständig zu aktivieren. Hierdurch kann der Vorgesetzte, der immer in Kontakt mit den ihm untergebenen Mitarbeitern steht, ein Mittel zur Verbesserung der Beziehungen erhalten. Dadurch kann auch die unpersönliche technisch-mechanische Produktion ‚vermenschlicht' werden, da sie jedem die Möglichkeit gibt, sich mit ihr zu befassen. Damit wird die bestmögliche Harmonisierung der menschlichen Kooperation im Sinne der sozialen Integration ermöglicht. Trotz dieser nicht von der Hand zu weisenden Positiva des Vorschlagswesens gelingt es den meisten Betrieben nicht, mehr als nur einen geringen Teil des Ideenpotentials der Mitarbeiter zu aktivieren. Daß die Furcht vor Repressalien durch die Vorgesetzten einen nicht unwesentlichen Beitrag hierzu leistet, ermittelte Thum ‚vor Ort'. Dort ergab sich, daß etwa 60 Prozent der Befragten schon mal bei Kollegen Verbesserungsvorschläge vorbrachten, diese jedoch nicht gegenüber Vorgesetzten äußerten. Dem hier angedeuteten Problem wird nicht weiter nachgegangen, doch läßt die Zahl von 60 Prozent das Potential an Ideen erahnen, das brachliegt.

Viele, die einen Verbesserungsvorschlag einreichen, meinen, eine Blamage zu riskieren. Sie haben das Gefühl, sich in einer Prüfungssituation zu befinden. Zum einen darf eine Idee nicht nur grob skizziert bleiben, sondern muß im Detail durchdacht und ausformuliert zu Papier gebracht werden, bevor sie als Verbesserungsvorschlag eingereicht werden kann. Das bringt in der Regel schon sprachliche Probleme mit sich. Zum anderen wird ein solcher Vorschlag von einer Kommission bewertet, deren Resultat alle Betriebsangehörigen erfahren. Diese beiden (vermeintlichen) Risiken sind ein nicht zu unterschätzender Hemmschuh der Ideenproduktion.

An dieser Stelle muß ich die Führungskräfte allerdings in Schutz nehmen. Manch konstruktive Kritik, die dem Mitarbeiter als Verbesserung vorschwebt, hat lediglich subjektiven Wert. Die Leitung des Unternehmens fragt jedoch nach dem objektiven Nutzen und lehnt unter Umständen die Verwirklichung eines Vorschlags aus Gründen ab, die dem Initiator nicht einleuchten. Vorsichtiges Vorgehen ist geboten. Die Führungskraft sieht oft die in einem Vorschlag beschriebene Verbesserung als so offensichtlich und so klar an (‚Das weiß doch jeder hier!'), daß der Vorschlag abgelehnt wird, obwohl er innovativ ist.

Die Sorge, enttäuscht zu werden, spielt überhaupt eine gravierende Rolle im Prozeß der konstruktiven Mitarbeit im Betriebsgeschehen. Leider ist diese Sorge nicht unberechtigt. Es soll vorgekommen sein, daß ein abgelehnter Vorschlag plötzlich unter einem anderen Namen erneut eingereicht, prämiert und sogar zum Patent angemeldet wurde. Ebenso groß ist die Enttäuschung, wenn ein Vorschlag abgelehnt wird, weil angeblich irgendeine technische Abteilung von Amts wegen gerade an dieser Idee arbeitet. Ein hier entstandener Vertrauensschaden ist nicht wiedergutzumachen und kann den Betrieb teuer zu stehen kommen.

Der Kampf gegeneinander

Wenn hier von Mitarbeitern gesprochen wird, sind damit diejenigen Personen gemeint, die *ausführend* tätig sind. Sie unterscheiden sich von den leitenden (weisungsberechtigten) Mitarbeitern, die ich als Führungskräfte bezeichnet habe. Beide Gruppen von Mitarbeitern unterstützen den Unternehmer oder Mitunternehmer, dem das Unternehmen als Eigentum gehört. In dem Wort ‚Mitarbeiter' soll das Schwergewicht nicht auf Unterordnung, sondern auf aktiver Zusammenarbeit liegen.

Ich will mich nun der Frage zuwenden, unter welchen Bedingungen die ausführenden Mitarbeiter bei der Weckung des kreativen Potentials miteinander kooperieren bzw. gegeneinander arbeiten. Um den Gedanken der Beziehung zwischen Führungskräften und Mitarbeitern wieder aufzugreifen: Nicht nur Vorgesetzte, sondern auch Mitarbeiter, die auf derselben Stufe der betrieblichen Hierarchie stehen, können auf Verbesserungsideen von Kollegen negativ reagieren. Die auftretenden Widerstände des sozialen Umfeldes, die in der Praxis bislang wenig beachtet worden sind, haben schon zu manchem Mißerfolg eines im Betrieb eigens zum Zweck der Ideensammlung und -verwertung eingerichteten Betrieblichen Vorschlagswesens geführt. Das Betriebliche Vorschlagswesen ist ein Mittel zur Rationalisierung und wird es auch zukünftig bleiben. Doch spielen eine menschlich verständliche Kritikempfindlichkeit und Konkurrenzangst eine Rolle, zumal in Zeiten hoher Arbeitslosigkeit. Die Furcht, durch den Verbesserungsvorschlag eines Kollegen seinen Arbeitsplatz zu verlieren und arbeitslos zu werden, ist nicht von der Hand zu weisen. Diese Furcht wird zwar durch eine Reihe von arbeitsrechtlichen Schutzgesetzen (Beispiele: Kündigungsschutzgesetz, Schwerbehindertengesetz, Mutterschutzgesetz und Betriebsverfassungsgesetz) gemildert, doch ist sie nicht ganz auszuschalten.

Wenn schon nicht die Furcht vor Verlust des Arbeitsplatzes, so entsteht doch häufig die Sorge, eine Verdienstminderung hinnehmen zu müssen. Eine Steigerung der Produktivität liegt trotz aller partnerschaftlichen und mitbestimmungsrechtlichen Überlegungen wohl nur sehr indirekt im Interesse des einzelnen Arbeiters oder Angestellten. Der Arbeiter im Akkord beispielsweise wäre betroffen, der aufgrund jahrelanger Erfahrungen seine Arbeit so geschickt und geschwind ausführt, daß er die Normalleistung, die dem Akkordlohn zugrunde liegt, bei weitem übertrifft. Durch eine Verbesserungsidee kann die Normleistung so weit heraufgesetzt werden, daß die persönliche Geschicklichkeit des einzelnen keine nennenswerte Leistungssteigerung mehr bewirkt. Das kann sogar so weit führen, daß die Leistungsentlohnung in Form des Akkordsystems ganz aufgegeben wird. Damit würde der Akkordarbeiter zwei wesentliche Einnahmequellen verlieren. Zum einen liegt der Stundenlohnsatz für die Akkordarbeit um 10 bis 30 Prozent über dem Stundenlohnsatz für Zeitarbeit. Zum weiteren kann der Mitarbeiter durch überdurchschnittliche Leistungsbereitschaft und -fähigkeit eine weitere Steigerung seines Verdienstes erzielen. Beides würde fortfallen. Daß unter diesen Umständen Mißtrauen gegenüber ‚tüftelnden' Kollegen entsteht, ist menschlich nur verständlich.

In etablierten Strukturen müssen die Mitarbeiter, die vorwärtskommen wollen, ständig beweisen, daß sie klüger sind als andere. Dies ist nach Ketteringham und Nayak am einfachsten zu erreichen, wenn man ungewöhnliche und unbewiesene Ideen attackiert. Anders formuliert: „Abwegige Ideen dienen dem Karrieresystem in der Organisation als Kanonenfutter" (1989, S. 385).

Auch im ehemals sozialistischen Ausland kannte man diese Probleme, auch dort waren es vorwiegend menschlich-soziale Kräfte, die einer negativen Haltung zur Kreativität und Innovationsfreudigkeit von Kollegen zugrunde lagen. Verbesserungsvorschläge wurden in den Ländern mit zentralistischer Plan- und Kommandowirtschaft von den Arbeitnehmern nicht gern gesehen, weil sie das Quotensystem, das jedem Betrieb eine Sollproduktion zuwies, durcheinanderbrachten. Das führte sogar dazu, daß Erfindungen des sozialistischen Auslands an den Westen veräußert und dort realisiert wurden. Zur Zentralverwaltungswirtschaft ist zu bemerken, daß die politischen Veränderungen in Osteuropa auch wirtschaftliche Veränderungen nach sich ziehen. Das zentralistische Denken im ökonomischen

Bereich ist jedoch nicht kurzfristig zu löschen, sondern wird wohl noch etliche Jahre spürbar vorhanden sein. Im übrigen tendiert eine Zentralverwaltungswirtschaft mit ihrer auf Normerfüllung fixierten Stückzahlideologie zu einer extensiven Produktion. Von daher haben es innovative Arbeitnehmer mit ihren Vorschlägen nicht leicht, sich durchzusetzen. Doch geht der Trend in Richtung auf intensive Produktion, ein Trend, dem sich nach und nach alle ehemals sozialistischen Staaten anschließen, um konkurrenzfähig zu bleiben bzw. es zu werden.

Neben Einkommenseinbußen fürchten die Arbeitnehmer, die sich kritisch-konstruktiv mit ihrem Betrieb auseinandersetzen, durch ihre Aktivitäten gegen die Solidarität mit ihren Kollegen zu verstoßen und den Verlust der Gruppenzugehörigkeit zu riskieren sowie den Betriebsfrieden zu stören, was immer letzteres sein mag. Das gilt insbesondere dann, wenn der Blick des rührigen Ideenproduzenten über den eigenen Arbeitsbereich hinausgeht, obwohl die gute Idee die Tätigkeit der Kollegen sicherer und angenehmer machen kann, Arbeitsplätze schaffen und Anreiz zur fachlichen Qualifizierung sein kann. ‚Besserwisser‘, ‚Klugscheißer‘, ‚Nörgler‘, ‚Schlaumeier‘, ‚Neunmalkluger‘ oder ‚Siebengescheiter‘ sind nur ein paar der Vokabeln, mit denen ihn die Gruppe unter Umständen etikettiert. Und diese unerwünschten Etikettierungen verfehlen beim einzelnen in der Regel nicht ihre Wirkung.

Es ist unbezweifelbar, welch enormen Einfluß soziale Gruppen auf das Verhalten des Individuums im Organisationsgeschehen haben. Die Hawthorne-Studien[2] haben gezeigt, daß ein Prozeß der Identifikation des Individuums mit seiner Gruppe abläuft, der zu zwei wichtigen Effekten führt:

1. zu Unterstützung und Rückhalt für den einzelnen gegenüber der Organisation, in der er tätig ist und
2. zu Konformität, insbesondere auf Gruppennormen und Standards bezogen.

Diese beiden als wichtig bezeichneten Effekte können fatale Auswirkungen auf die Ideenproduktion der Mitarbeiter haben.

---

2 Die Hawthorne-Studien wurden von Ende der zwanziger bis Anfang der dreißiger Jahre in den Hawthorne-Werken der General Electric Company in Chicago durchgeführt. Im Rahmen dieser Untersuchungen wurde man auf die fundamentale Bedeutung der zwischenmenschlichen Beziehungen und Gruppierungen im Betrieb für das Arbeitsverhalten und den Arbeitserfolg aufmerksam.

Zu 1: Diejenigen, die ihrer Kreativität auch im Unternehmen freien Lauf lassen wollen, haben Sorge, dadurch Unterstützung und Rückhalt ihrer Arbeitsgruppe zu verlieren. Wer sich hier als stärker erweist, die Gruppe oder der Wunsch, einen Verbesserungsvorschlag vorzutragen, hängt von den Motiven ab, die hinter der Idee stehen. Geht es einem Mitarbeiter in den Industriestaaten, der einen Verbesserungsvorschlag dem Unternehmen unterbreitet, nicht um die Sicherung der materiellen Existenz – wovon wir ausgehen können –, so wird er sich, wenn wir die Maslowsche Bedürfnishierarchie zu Rate ziehen, in der Regel für das ranghöchste soziale Bedürfnis und gegen die rangniedrigeren Existenzbedürfnisse entscheiden. Konkret: Er wird sich für die Gruppe und gegen die Veröffentlichung des Vorschlags entscheiden.

Zu 2: Jedes „Individuum, das sich engagiert in eine Gruppe eingebunden fühlt, wird in den meisten Fällen sein eigenes Wollen zurückstellen" (Ammelburg, 1985, S. 364). Der Konformitätsdruck der Gruppe kann so groß sein, daß das einzelne Mitglied in seinem Denken und Handeln nicht mehr frei ist, sondern sich im Gegenteil vollständig an die Gruppennormen anpassen muß. Dieser Anpassungsdruck, der in der Regel in Richtung auf Erhaltung eines Status quo und auf Uniformierung des geistigen und praktischen Verhaltens der Gruppenmitglieder tendiert, kann dazu führen, daß in der Gruppe ein Klima entsteht, das Inspiration und innovative Absichten als Gefahr ansieht und demzufolge bekämpft. Kreative Mitarbeiter, die sich nicht auf eingefahrenen Gleisen zur gleichsam mechanischen Pflichterfüllung bewegen wollen, können in der auf Vermeidung innovativen Denkens bedachten Gruppe von ihrem Drang nach Veränderung abgebracht werden. Ihre Kreativität wird belächelt, ihre Ideen werden häufig abqualifiziert, oder man läßt sie ins Leere laufen. Projekte werden gestartet eigens zu dem Zweck, die kreativen Energien der Beteiligten zu verbrauchen. Letztlich werden die Ergebnisse eines solchen Projekts dann auf dem Datenfriedhof in aller Stille zu Grabe getragen.

Gibt es einen Weg aus diesem Dilemma? Der Außenseiter, der sich vom Einfluß des Urphänomens Gruppe gelöst hat und im stillen Kämmerlein vor sich hintüftelt, stellt offensichtlich keine optimale Lösung dar. Ein bewährter Weg ist die Bildung von sogenannten Talentschuppen mit gleichgesinnten, innovationsfreudigen und kooperativen Mitgliedern. Dort ist nicht das restlose Aufgehen in der Gruppe oder gar ein Aufgeben der Persönlichkeit das Ziel, sondern der schonungslose, aber vorurteilsfreie Gedankenaustausch zum Zweck der Lösungsfindung. Es ist an dieser Stelle zu betonen, daß es hier nicht um die Verwirklichung sozialromantischer Ideen geht. Der Betrieb ist – wie Spötter gern formulieren – weder ein Arbeitssanatorium noch ein Mädchenpensionat oder eine Wohlfahrtsinstitution, und auch die ‚Talentschuppen‘ und Kreativitäts-Zirkel bilden ihre gruppenspezifischen Eigengesetzlichkeiten aus. Doch bleibt dem einzelnen bei aller wohl unvermeidlichen Ein- und Unterordnung hier ein Höchstmaß an freier Entfaltung seiner individuellen Fähigkeiten.

Die Mitglieder dieser kreativen Gruppen genießen eine ganze Reihe von Privilegien (z. B. hohe Arbeitszeitdisposition), die nicht jede Organisation gewähren kann. Welche Empfehlung soll man hier aussprechen zur Förderung von Ideen und Kreativität? An dieser Stelle reicht es festzuhalten, daß Gruppen – auch wenn es keine institutionalisierten ideenproduzierenden Gruppen sind – dem ‚Einzelkämpfer‘ überlegen sind. Und das betrifft nicht nur das Endprodukt. Auch die sozialen Effekte der Gruppenvorschläge sind nicht hoch genug einzuschätzen. „Die schöpferisch kreative Überlegenheit des individuellen Erfindergeistes bleibt ... zwar unbestritten; aber dennoch ist sie immer mehr in ihrem Erfolg und der Verwirklichung der Ideen (Innovation) davon abhängig, daß sie von anderen in der Gruppe akzeptiert wird, und daß diese Gruppenmitglieder teilhaben an den Gedanken und an deren Verwirklichung" (Heidack & Brinkmann, 1984, S. 53). Dies wirkt sich so aus, daß zum einen die Sorge des miteinbezogenen Vorgesetzten vor unliebsamer Konkurrenz ‚von unten‘ reduziert, in Einzelfällen ganz aufgehoben wird. Zum anderen werden die Kollegen inspiriert mitzudenken und ihr kreatives Potential zu aktivieren anstatt abseits zu stehen und voll Mißtrauen auf den vermeintlichen ‚Nörgler‘ und ‚Querulanten‘ zu blicken, von dessen individuellen Ideen sie *doch* tangiert werden. Und sei es, daß dazu eine Stellungnahme abzugeben ist.

Die Einrichtung eines Gruppenvorschlagswesens bleibt – da sollte man sich keinen Illusionen hingeben – schwierig, da die Sozialisation in der westlichen Welt mehr auf individuellen Leistungswettbewerb, also auf den ‚Einzelkämpfer‘ ausgerichtet ist und das Management darüber zu wenig Kenntnisse besitzt.

Frauen sind kreativ – wenn man sie läßt

Das Weltbild, das sich in unserer Kultur seit der Aufklärung herausgebildet und verfestigt hat, wurde primär von rationalistischen und empiristischen Elementen dominiert. Das ganzheitliche Denken und die Intuition wurden als nebensächlich und irrelevant abgetan. Mittlerweile jedoch werden die Grenzen der einseitig auf den Verstand ausgerichteten Realitätsauffassung in vielen Bereichen deutlich. Man hat erkannt, daß der Stempel des Rigiden, Phantasielosen und Unkreativen, den die gesamte westlich-abendländische Kultur trägt, kein bedingungslos positives Zeichen ist. Bei allem Respekt vor den Leistungen und den Erfolgen der exakten Wissenschaften wird es immer deutlicher, daß uns ein Korrektiv fehlt, mit dessen Hilfe das im analytischen Prozeß Zerteilte und Zersplitterte wieder in die Gesamtheit der Lebenszusammenhänge eingebettet werden kann.

Es werden immer mehr, die dieses Korrektiv in den Frauen und ihren besonderen Fähigkeiten zur Kreativität sehen, wobei sie glauben, daß die Aufgabenstellungen und Möglichkeiten, die sich gerade den Frauen eröffnen werden, in ihrer Bedeutung noch gar nicht abzusehen sind. Olga Rinne vertritt die Auffassung: „Ich bin fest davon überzeugt, daß Frauen aufgrund ihrer sozialen Erfahrungen und aufgrund ihrer historischen Rolle die Welt anders erleben und ihre Erfahrungen anders ausdrücken als Männer, daß ihre Kreativität durch ihre Erziehung in andere Bahnen gelenkt wird und daß sie spezifischen Hemmungen und Einschränkungen unterworfen sind, die Männer nicht oder nicht in gleicher Weise betreffen" (Rinne, 1989, S. 15).

Ich glaube allerdings, daß bei Frauen die Entfaltung ihres kreativen Potentials besonders stark gehemmt ist, weil sie eine besonders starke Bindung an den Betrieb haben. Dies will ich nun im Detail begründen.

Abbildung 10 zeigt, daß das Aktivierungsniveau des Kreativitätspotentials im Betrieb (hier wiederum gemessen an der Beteiligung am Betrieblichen Vorschlagswesen) bei den männlichen Mitarbeitern ein Mehrfaches dessen der weiblichen Mitarbeiter beträgt.

Auf den ersten Blick erscheint das Ergebnis paradox. Diese Beurteilung wird gestützt durch eine Reihe von Überlegungen:

(1) Es ist oft zu beobachten, daß Frauen über viel mehr ‚schöpferischen Rohstoff' verfügen als Männer, über eine aktivere Phantasie, eine weiter gestreute Assoziationsfähigkeit, über eine flexiblere Vorstellungskraft und über höheren Gedankenfluß (Rinne, 1989, S. 68).

Befürchtungen und Enttäuschungen   49

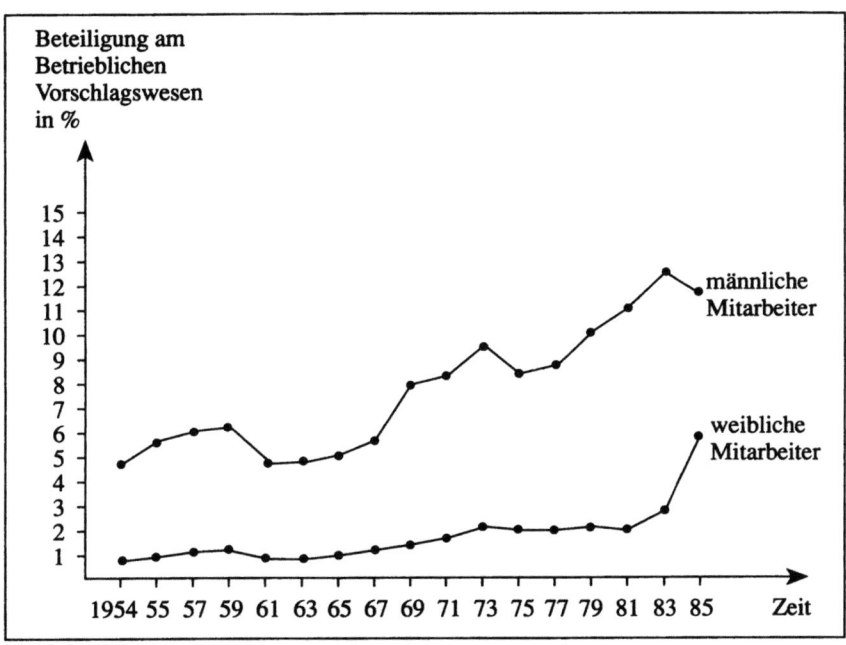

Quellen: Die Entwicklung des Betrieblichen Vorschlagswesens 1954–1978, hrsg. vom Deutschen Institut für Betriebswirtschaft, Frankfurt am Main.
Entwicklung der Arbeitsgemeinschaften ‚BVW' ab 1975, in: Betriebliches Vorschlagswesen 1984, Heft 3, S. 108 f., 1985, H. 4, S. 182 ff. sowie 1986, H. 4, S. 156 ff. Ab 1986 keine Geschlechterdifferenzierung mehr dokumentiert.

Abbildung 10: Entwicklung der Beteiligung am Betrieblichen Vorschlagswesen, nach Geschlechtern differenziert, von 1954 bis 1985

(2) Frauen werden in ihrer Sozialisation weniger rigide auf Leistung und weniger stark zur Gefühlsabwehr erzogen. So bewahren sie sich ein ausgeprägteres Sensorium für feinere Schwingungen – ein unschätzbarer Vorteil im Hinblick auf die Entwicklung und Aktivierung des kreativen Potentials.

(3) Frauen lernen schon sehr früh, ihre Aufmerksamkeit breit zu streuen und können leichter zwischen verschiedenen Bewußtseinsebenen wechseln.

(4) Die Persönlichkeit von Frauen kann sich in der Regel ganzheitlicher entwickeln als die von Männern, die auf Perfektion in einem klar abgegrenzten Bereich ausgerichtet ist. Da es für eine kreative Problemlösungsstrategie charakteristisch ist, den gesamten Kontext, also auch die peripheren Informationen mit einzubeziehen, haben in diesem Fall die Frauen Vorteile den Männern gegenüber.

Wie ist es aufgrund dieser wichtigen Argumente, die für den Kreativitätsvorteil des weiblichen Geschlechts sprechen, möglich, daß Frauen ihr schöpferisches Potential in den Unternehmen lediglich in solch geringem Maße zum Ausdruck bringen? Es existiert eine Reihe von Gründen, die es den weiblichen Mitarbeitern sehr schwer machen, mit kreativen Lösungen in betriebliche Prozesse einzugreifen. Zu diesen Gründen zählen:

- Die Frau hat eine historische Rolle, die Kreativität anderer zu fördern. Es gehört zu ihren traditionellen Aufgaben, die Infrastruktur für die Kreativität anderer zu schaffen.
- Der kreative Prozeß braucht schöpferische Pausen. Davon haben Frauen zu wenig. Aufgrund der Doppelbelastung berufstätiger Frauen bleibt ihnen häufig nicht genügend Zeit, im täglichen Ablauf Phasen einzulegen, in denen nichts erkennbar Produktives geschieht.
- Neue Entwicklungen sind ‚Störern' zu verdanken, die über genug Kraft, Trotz, innere Überzeugung und Durchhaltevermögen verfügen. Viele Frauen sind jedoch dazu erzogen worden, ein ausgleichendes soziales Element zu sein und zu gefallen und nicht Avantgardefunktionen zu übernehmen. Wer in der Hierarchie der Betriebe weiter unten angesiedelt ist und um den Respekt der Kollegen kämpfen muß, wird sich hüten, allzusehr zu stören.
- Die Möglichkeit für Frauen, sich mit eigenen Ideen durchzusetzen, ist gering, „es sei denn, Frauen identifizieren sich mit als männlich angesehenen Verhaltensweisen und deren Leistungs- und Erfolgsidealen. Das bedeutet aber meistens, auch wenn sie Erfolg haben, daß man sie als unweiblich empfindet und entsprechend diffamiert" (Mitscherlich, 1986, S. 47). Der Vorwurf der Unweiblichkeit trifft die meisten Frauen an der tiefsten Basis ihrer Identität. Der Konflikt zwischen der alten und der neuen Rolle der Frauen, bei der letztere vor allem die Entfaltung des eigenen Potentials an Talenten und Energie fordert, bedeutet für viele eine Zerreißprobe, der sie sich nicht aussetzen wollen. Sie ziehen dem ständigen Streß der Kritik in ihrer „nostalgischen Sehnsucht nach Geborgenheit" (Rinne, 1989, S. 52) die Anpassung an das Bestehende vor. Das Unternehmen mit seinen Zielen, Produkten und Mitarbeitern bietet den Frauen reichlich Möglichkeiten, sich zu identifizieren und damit öffentlich kundzutun, daß man sich an die ‚Spielregeln' halten will.
- Die Erziehung zur Konformität, und dazu gehört vor allem die Überbetonung der Geschlechterrollen, ist der größte Feind jeder kreativen

Entwicklung – darin sind sich alle psychologischen Schulen einig. Im Rahmen der Erziehung werden die Söhne darauf konditioniert, Avantgardefunktionen auszuüben, die im Gegensatz zum weiblichen Anpassen und Bewahren im Bekämpfen, Übertrumpfen und Zertrümmern bestehen.
- Frauen handeln auf der Grundlage eines stärker integrierten Denkprozesses. Es fällt ihnen schwer, Gefühle und Arbeit ganz zu trennen. Da Frauen regelmäßig härter arbeiten als Männer, um sich ihnen zu beweisen, entwickelt sich zwangsläufig auch ein stärkeres emotionales Engagement für ihr Unternehmen.

Den männlichen Mitarbeitern stehen zur Entfaltung ihrer schöpferischen Kräfte bei weitem nicht die Barrieren im Wege wie den weiblichen. Obwohl Frauen eine aktivere Phantasie haben und sich ihre Persönlichkeit ganzheitlicher entwickeln kann, als es bei Männern üblicherweise geschieht, gelingt es ihnen in der Regel nicht, ihre Kreativität in dem Maße freizusetzen, wie es ihrem großen Potential entsprechen würde. Ich habe eine Reihe von Phänomenen angeführt, die dieses Defizit begründen. Es ist zum einen nicht wegzudiskutieren, daß die traditionellen Erziehungsstrategien die Mädchen und späteren Frauen in dieser Hinsicht benachteiligen. Auch kann zum weiteren nicht geleugnet werden, daß die Doppelbelastung der Frauen mit Berufs- und Mutterrolle viel Energie absorbiert, die dem schöpferischen Prozeß im Betrieb fehlt.

Es wäre mit Sicherheit eine lohnende Aufgabe für die Frauenforschung, darüber hinaus den Stellenwert der Faktoren zu ermitteln, die das Kreativitätspotential der weiblichen Mitarbeiter im Betrieb beeinträchtigen.

Man kann es nicht jedem recht machen

Ob ein Mitarbeiter einen kreativen Vorschlag zur Verbesserung der Arbeitsgestaltung unterbreitet, wird nicht nur von seiner Befürchtung bestimmt, daß Kollegen oder Vorgesetzte darauf negativ reagieren werden. Dies hängt auch von den Erwartungen des einzelnen ab. Die Erwartungen der Beschäftigten sind so vielfältig wie die Tätigkeiten, die sie ausführen oder wie die Strukturen ihrer Persönlichkeiten. Um wenigstens ein wenig Ordnung in das sehr vielfältige Bild der Erwartungshaltungen zu bekommen, hat man diese klassifiziert. Nach Josef Jäger wählen die weniger qualifizierten Arbeiter als allgemeine Erwartung an ihren Betrieb die folgende Reihenfolge: Einkommen – Sicherheit des Arbeitsplatzes – soziale Zusatzleistungen – Arbeitsumgebung und Arbeitszeit. Die leitenden Angestellten: Einkommen – Aufstieg – Selbständigkeit – Verantwortung – Status – Prestige – Unabhängigkeit. Damit kann nicht sicher prognostiziert werden, ob jemand am Arbeitsplatz zufrieden ist oder nicht. Personalpolitische Entscheidungen können durch die angedeuteten Tendenzen zwar erleichtert werden, doch was zählt gegenüber einem unzufriedenen Arbeitnehmer schon die Bemerkung: ‚Von der Tendenz der Erwartungen Ihrer Mitarbeitergruppe her müßten Sie eigentlich zufrieden sein'? Ein Modell, das auf Erwartungen beruht, kann dennoch sehr nützlich sein. Ein Beispiel aus der Betriebsklimaforschung: das Betriebsklima wird gemeinhin definiert als ein Phänomen, das durch das Zusammenwirken von außer- und innerbetrieblichen Faktoren entsteht, wobei für dessen Gestaltung die Übereinstimmung oder Divergenz zwischen der – subjektiv *erwarteten* und objektiv vorgefundenen – Sach- und Personenwelt im Betrieb ausschlaggebend ist. Anders formuliert: Die Mitarbeiter sind bestrebt, die Diskrepanz zwischen der Soll-Lage (*Erwartungen* des Individuums an den Betrieb) und der Ist-Lage (*vorgefundener* Zustand) auf ein Minimum zu reduzieren. Stark verkürzt: Gelingt es, die Abweichungen gering zu halten, so erleben wir ein gutes Betriebsklima, größere Abweichungen rufen Unlust- und Gespanntheitsgefühle hervor, und wir erleben ein gestörtes Betriebsklima.

Dieser erwartungstheoretische Ansatz, so plausibel er auch erscheinen mag, entbehrt nicht gewisser Tücken. Es steht außer Frage, daß kein Unternehmen auf die Erwartungen jedes einzelnen Mitarbeiters eingehen kann. Wird beispielsweise einem Arbeitnehmer der Wunsch nach Beförderung auf eine bestimmte Position erfüllt, so kann man sicher davon ausgehen, daß damit die Wünsche anderer nach Beförderung auf dieselbe Position unerfüllt bleiben müssen. Wenn man in Rechnung stellt, wie viele und vielfältige Erwartungen an die Organisationen von den Mitarbeitern gestellt werden, so gelangt man zwangsläufig zu dem Schluß, daß es in jedem Unternehmen ausschließlich unzufriedene Mitarbeiter geben muß. Irgendwelche Wünsche bleiben nämlich bei jedem offen, ganz gleich, auf welcher Stufe der betrieblichen Hierarchie er sich befindet. Nach meiner Überzeugung fehlt in den meisten Überlegungen ein ganz wichtiger Aspekt. Als Frage formuliert: Wie ist es zu erklären, daß es dennoch zufriedene Mitarbeiter gibt? Die Praxis hat erwiesen, daß der Mensch zwar dazu neigt, ständig irgendwo unzufrieden zu sein. Dennoch ist er unter einer bestimmten Voraussetzung bereit, auf Ansprüche zu verzichten und sich einer Organisation unterzuordnen. Die Antwort: Die Voraussetzung ist, daß er sich mit der Organisation *identifiziert*.

Die Arbeitsbedingungen

Arbeit ist nicht nur Mittel zum Zweck der Bedürfnisbefriedigung, sondern nimmt eine weitaus wichtigere Funktion ein. Sie *ist* nämlich auch *Selbstzweck* und kann durch sich selbst befriedigen. Allein durch die Tatsache, daß die meisten von uns etwa ein Drittel ihres Lebens am Arbeitsplatz verbringen, ist die Forderung nach Arbeit, die durch sich selbst befriedigt, gerechtfertigt. Karl Marx griff ganz hoch und wünschte sich Arbeit als Selbstverwirklichung, „was keineswegs meint, daß sie bloßer Spaß sei, bloßes Amüsement", vielmehr bleibt sie auch unter diesen Bedingungen „geradezu zugleich verdammter Ernst, intensivste Anstrengung". Muß es jedoch so weit gehen, daß Arbeit den Menschen übermäßig belastet?

Belastungen in der Arbeitswelt

Individuen erfahren die Arbeitssituation unterschiedlich; sie sind je nach ihrer individuellen Biographie unterschiedlich belastet. Elisabeth Noelle-Neumann gibt im Rahmen einer Kontroverse mit dem Berliner Sozialforscher Burkhard Strümpel zu diesem Problem einige Beispiele, die zum Nachdenken Anlaß geben (Noelle-Neumann & Strümpel, 1985). Die bekannte Leiterin des Instituts für Demoskopie in Allensbach berichtet davon, daß sie im studentischen Arbeitsdienst Fabrikarbeit zu leisten hatte, die bei ihr einen Lernprozeß auslöste mit dem Ziel, so nicht auf Dauer leben zu wollen. Doch sie lernte auch, daß ihre Kolleginnen in der Tabakfabrik das ganz anders erlebten und daß sie die Arbeitssituation nicht nur mit ihren, sondern auch mit deren Augen sehen muß. Noelle-Neumann gibt ein Beispiel dafür, daß auch andere Intellektuelle allzu sehr von sich auf andere schließen und die ‚gute' und die ‚schlechte' Arbeit nach ihren eigenen Bedürfnissen zuordnen: Der Theologiestudent Paul Göhre ging um die Jahrhundertwende als Arbeiter in eine Werkzeugmaschinenfabrik, um die Fabrikarbeit kennenzulernen. Entsetzt kam er heraus – entsetzt über die Eintönigkeit, über das Leben als Industriearbeiter. Er konnte sich gar nichts anderes vorstellen, als daß das Erleben der Industriearbeiter und sein Erleben das gleiche sei.

54 Hindernisse auf dem Weg zu mehr Kreativität

Diese Sicht hat sich aus den Eigenwünschen der Psychologen und Soziologen ergeben. Ich zweifele an der universellen Geltung des Strebens nach Selbstverwirklichung und nehme an, daß die Arbeit, wenn sie als primäre Quelle der Bedürfnisbefriedigung für jeden Menschen angesehen wird, überbewertet ist.

Wenn man die Arbeitnehmer befragt, ob sich ihre Arbeitsbedingungen verschlechtert haben, dann antworten die meisten mit ‚nein'. Laut Burkhard Strümpel antworteten rd. 80 % der Befragen im Sinne einer Verbesserung der Arbeitssituation (ebenda). Arbeit hat sich nicht verschlechtert; dennoch wird sie von immer mehr Arbeitenden wie ein teils lästiges, teils gleichgültiges Stück Inventar behandelt. Möglicherweise liegt es am einseitigen Verständnis von der ‚Arbeitsbelastung'. Die naturwissenschaftlich orientierte Arbeitswissenschaft akzeptiert nur objektive, meßbare Belastungsfaktoren wie Lärm, Luftfeuchtigkeit, Raumtemperatur, Muskelbeanspruchung, Wahrnehmungsleistungen. Als belastend werden diese Faktoren dann eingestuft, wenn ihr Zusammenhang mit gesundheitlichen Schäden nachweisbar ist. Dieses Verständnis liegt der Definition von Berufskrankheiten zugrunde. Ute Volmerg macht den Vorschlag, Belastungen vom Verständnis subjektiver Strukturen her zu definieren, weil die Beziehung zwischen den Belastungsfaktoren und der individuellen Persönlichkeitsstruktur ausschlaggebend ist (1978, S. 63). Als Fundamentalkategorie dient ihr der Begriff der Identität. Als Kurzformel: Identität ist die Konzeption davon, wer man ist. Nach Erikson setzt Identität ein Gleichgewicht voraus zwischen dem Wunsch, an dem festzuhalten, was man geworden ist und der Hoffnung, sich zu erneuern. Für Ute Volmerg ist eine Arbeit dann belastend, wenn dieses Gleichgewicht in der Arbeitssituation eines Individuums gestört ist. Um gegenwärtige Formen vor allem industrieller Arbeit auf ihren Einfluß auf die Identität der Arbeitenden untersuchen zu können, haben Kern und Schumann drei Dimensionen als wichtig identifiziert:

(1) das Verhältnis des Mitarbeiters zu dem von ihm (mit)erzeugten Produkt,
(2) das Verhältnis des Mitarbeiters zu den anderen Beschäftigten,
(3) das Verhältnis des Mitarbeiters zu seiner Arbeitskraft.

Die subjektive Erfahrung einer Kontinuität und Entwicklung der Identität bzw. die subjektive Erfahrung der Identitätsbedrohung ist daran gebunden, ob an seinem Arbeitsplatz für den Mitarbeiter *Autonomie, Interaktionschancen und Chancen, erworbene Qualifikationen in die Arbeit einzubrin-*

gen, bestehen. Die Chance zur *Autonomie* bestimmt darüber, ob und in welchem Grad sich der Mitarbeiter als Objekt oder als Subjekt im Unternehmen fühlt. Autonomiechancen bei der Lösung von Arbeitsaufgaben bezeichnen Spielräume für Lernprozesse, in deren Verlauf Fähigkeiten weiterentwickelt werden können. Hat der Mitarbeiter die Möglichkeit, im Rahmen seiner Tätigkeit Dispositionen zu treffen, so kann er zum Beispiel auch bei restriktiver Arbeit das Bewußtsein aufrechterhalten, zumindest in bestimmten Grenzen über die eigene Person und Arbeitskraft verfügen zu können. Eng mit Dispositionschancen verknüpft ist die Möglichkeit, erworbene *Qualifikationen* bei der Arbeit anzuwenden. Eine qualifizierte Tätigkeit hat mehrere positive Effekte für den Erwerbstätigen. so wird das Selbstwertgefühl nicht nur durch die herausgehobene Tätigkeit als solche gestützt, sondern auch durch das Bewußtsein, einer besonderen Gruppe anzugehören.

Im beruflichen Alltag entziehen sowohl die repetitive Teilarbeit wie die Arbeit im Büro – wenn auch in sehr unterschiedlichen Formen der körperlich-geistigen Beanspruchung – die sinnlichen Erfahrungen greifbaren, wertvollen Wirkungsvermögens. Rhythmen der Natur sind kaum Gegenstand der Reflexion in betrieblichen Alltagssituationen. Obwohl sich hier ein Umdenken vollzieht, wird die Physis der Beschäftigten immer noch wie ein physikalischer Körper quantitativ behandelt und abstrakt kalkulierbaren Normen unterworfen. Die Goethesche Tradition von der ganzheitlichen Lebenstätigkeit des Menschen ist zwar als Betrachtungsweise hoch angesehen, aber als Gestaltungsprinzip für den Bereich der Arbeit ohne nennenswerten Einfluß geblieben.

Die Grenze der Belastbarkeit wurde deutlich, als man erkennen mußte, daß die durch Atomisierung des Arbeitsprozesses und Gleichförmigkeit der Tätigkeiten erzwungene Nicht-Inanspruchnahme der Vielfalt unserer Fähigkeiten und Kräfte im körperlichen und sinnenhaften Bereich zur vorzeitigen Erschöpfung führt; der Natur des Menschen sind solche permanenten Wiederholungstätigkeiten wenig gemäß. Was uns erfrischt, sind die lebenerregenden und lebenerhaltenden Herausforderungen, die als gemeinsame Wurzel den Wechsel und Wandel sowie die Mannigfaltigkeit im Prozeß der körperlichen und geistigen Auseinandersetzung mit unserer Arbeit haben.

Mit *Interaktionschancen* wird hier der letzte Faktor für die Identitätserhaltung und -entwicklung vorgestellt. Mit Interaktionen (Kommunikationen) sind nicht nur solche sozialen Beziehungen der Mitarbeiter gemeint, die sich auf die Erfüllung der Arbeitsaufgabe beziehen, sondern auch die sozialen Kontakte der Arbeitskollegen, die Freizeit und Familie betreffen. Die Bestätigung oder die Korrektur der Selbstdefinition durch das Verhalten anderer ist ein notwendiger Orientierungspunkt für die Erfahrung und das Festhalten der eigenen Identität.

Dispositionschancen, Interaktionschancen und die Chance, erworbene Qualifikationen in die Arbeit einzubringen, bestimmen insgesamt die Möglichkeit der Identitätswahrung in der Arbeit und müssen daher zusammengesehen werden. Ein Arbeitsplatz, der reichlich Dispositionschancen zur Verfügung stellt, bietet auch die Möglichkeit zur reichlichen Nutzung von Interaktions- und Qualifikationschancen. Eine niedrig qualifizierte Tätigkeit, wie die am Fließband, minimiert in diesem Sinne auch die Dispositionschancen und Interaktionsmöglichkeiten der Mitarbeiter.

Das Kontroll-Konzept oder: Wie reagieren Menschen auf Belastungen?

Betrachtet man die Begriffe Autonomie bzw. Disposition, Qualifikation und Interaktion zur Erklärung der Arbeitsbelastung hinsichtlich ihrer Gemeinsamkeiten, so wird deutlich, daß dem Aspekt der *Kontrolle*[3] eine dominierende Position zukommt. Die Dispositionschancen des Mitarbeiters am Arbeitsplatz bestimmen das Maß an *Kontrolle,* das der Mitarbeiter über den Arbeitsplatz hat. Indem er beispielsweise die Zeitpunkte seiner Arbeitshandlungen und die Geschwindigkeit der Arbeitsausführung frei festlegen kann, gewinnt er Kontrolle über seine Arbeitszeit. Indem er sich ungebunden bewegen kann, gewinnt er Kontrolle über seine räumliche Mobilität. Indem er Einfluß ausüben kann auf Form und Struktur des von ihm (mit)hergestellten Produkts, gewinnt er Kontrolle über das Ergebnis seiner Arbeit.

Die Chance, erworbene Qualifikationen am Arbeitsplatz auch anzuwenden, gibt dem Mitarbeiter die Möglichkeit auszuloten, was er zu leisten imstande ist, mithin seine Leistungsfähigkeit zu kontrollieren.

---

3 Kontrolle wird hier gebraucht im Sinne von ‚den Ausgang von Ereignissen in nicht unwesentlichem Maße beeinflussen, mitgestalten können'. Der Kontrollbegriff bezieht sich zum einen auf das Beherrschen ihrer privaten Lebenssituationen durch Individuen und Gruppen und zum anderen auf das Beherrschen der öffentlichen Lebenssituationen, d. h. auf das Recht der Mitbestimmung der einzelnen und der Gruppen an der Reichweite der Kontrolle ihrer privaten Lebenssituationen, aber auch an allen Eingriffen, die ihren restlichen Lebensraum begrenzen.

Die Kommunikationen, also der soziale Kontakt mit den Kommunikationspartnern gibt die Möglichkeit, die Angemessenheit des eigenen Verhaltens zu kontrollieren.

Kontrolle ist das, worum es in der ganzen gegenwärtigen Psychologie geht. Das Maß an wünschenswerter Kontrolle unterliegt subjektiven Einschätzungen und ist daher an viele persönliche Faktoren gebunden. Ute Volmerg dazu: „Individuen stufen Arbeitsplätze nach den Kriterien ein, die für ihre gegenwärtige Arbeitssituation am wichtigsten sind. Arbeitsbedingungen erlangen dann eine existenzielle Bedeutung, wenn die Arbeit die Grenze des Erträglichen erreicht hat" (1978, S. 70). Die Bedingungen eines Arbeitsplatzes werden zum Beispiel danach bemessen, ob die Arbeit ab und zu eine Pause zuläßt, ob der Meister ständig kontrolliert, ob man am Abend ‚kaputt' ist, ob man mit seinem Arbeitskollegen reden kann, ob man den Arbeitsplatz auch einmal verlassen kann.

Doch damit ist der Gedanke noch nicht zu Ende gedacht. Wie reagieren Beschäftigte auf Einschränkung oder Nichtgewährung von Kontrolle? In dem Bewußtsein, nichts ändern zu können, versuchen sie, das Defizit an Kontrolle in den Bereichen Disposition, Qualifikation und Kommunikation z. B. durch hohen Alkoholkonsum, Drogen, Krankmeldung, innere Kündigung oder ähnliche Mechanismen zu kompensieren. Diese Kompensation verursacht Schäden beim Individuum (Beispiel: körperlicher und geistiger/seelischer Verfall durch ständiges Alkoholtrinken) und Kosten für das Unternehmen (Beispiel: Ausschußproduktion).

Eine falsche Einschätzung der Bedeutung des Kontrollgedankens führt dazu, daß emotionale Reaktionen wie Angst, Mißbehagen und Unzufriedenheit zu den Kompensationsbemühungen der Mitarbeiter hinzutreten, genauer gesagt ihnen vorangehen. All diese unguten Erscheinungen schwächen bzw. verhindern das, was die Unternehmen so dringend benötigen: die *Kreativität ihrer Mitarbeiter.* Sie stärken vielmehr eine überzogene Anpassung an geforderte Verhaltensstandards und unpersönliche Beziehungen sowie Konfliktspannungen zwischen Mitarbeitern und Vorgesetzten. Niemand wird bezweifeln wollen, daß von jedem einzelnen Mitarbeiter Anpassung an die vorliegenden technisch-organisatorischen Bedingungen und menschlich-sozialen Begegnungsformen gefordert werden muß.

Aber es kann zu den Konsequenzen einer solchen Anpassung gehören, daß eine beschränkte Anzahl von Verhaltenskategorien mit entsprechenden Verhaltensregeln entsteht, was zu einer Begrenzung des konkreten Handelns führt und damit zu einem starren, defensiven Verhalten der Mitarbeiter.

Diese Regeln machen zwar das Verhalten der Mitarbeiter vorhersehbar, haben aber unbeabsichtigte Nebenwirkungen. Zum Beispiel wird Widerstand gegenüber Veränderungen hervorgerufen – anstelle von *Kreativität wird Überanpassung und Inflexibilität erzeugt.*

Identifikationspolitik – Freund oder Feind der Kreativität?

Frage: Welche Möglichkeiten haben Unternehmen, die Hindernisse auf dem Weg zu mehr Kreativität ihrer Mitarbeiter fortzuräumen? Antwort: Sie müssen die Bedingungen ändern, die sich der Aktivierung des Ideenpotentials in den Weg stellen. Die Beseitigung der Bedingungen jedoch bringt, wie wir erfahren konnten, eine ganze Reihe von gravierenden Problemen mit sich, bei denen zumindest das einzelne Unternehmen überfordert erscheint. Von daher ist es verständlich, daß man nach einem Mittel gesucht hat, um ‚sämtliche Fliegen mit einer Klappe zu schlagen'. Neben ‚flächendeckender' Wirkung soll es auch kostengünstig sein. Man ist fündig geworden. Die Verantwortlichen der Organisationen begrüßen nahezu einhellig und relativ vorbehaltlos ein vermeintliches Allheilmittel gegen das Ideendefizit: das Instrument der *Identifikationspolitik.* Man denkt: *Eine hohe Identifikation der Belegschaft mit der Organisation, ihrem Personal und ihren Zielen aktiviert die Ideen der Mitarbeiter und macht außerdem die aufwendige und obendrein risikoreiche Änderung der kontraproduktiv wirkenden Bedingungsfaktoren entbehrlich.* Letztlich geht es zahlreichen Organisationen um die *vollständige* Vereinnahmung des Mitarbeiters und auch der Führungskraft. Das hat eine lange Tradition. Besonders beim Militär und in der Kirche kennt man diese Verschmelzungstechniken: Dadurch, daß alle das gleiche wollen, potenziert sich die Kraft.

Mit dem Begriff Identifikation ist eine emotionale Bindung eines Individuums an ein Objekt zu bezeichnen. Identifikationsbeziehungen können sich im Zeitablauf verändern, enden außerdem oft abrupt, sind jedoch gegen schwächere Einflüsse oft sehr resistent.

Identifikationen mit den Eltern, mit außerfamiliären Vorbildern, mit der Arbeitsstätte sind ein wichtiger Teil der menschlichen Identität. Die Spannweite der Erklärungsversuche für das Entstehen von Identifikation reicht von psychoanalytischen und lerntheoretischen Ansätzen bis hin zu der

Identifikationspolitik – Freund oder Feind der Kreativität? 59

Annahme, daß ein Bedürfnis nach Identifikation besteht. Und somit auch ein Bedürfnis nach Identifikation mit dem Unternehmen, seinen Produkten, seinen Menschen und seinen Zielen. Das weiß man natürlich ebenfalls im Management. Und da Identifikation mit dem Betrieb stets als etwas Positives gilt, wird kein Chef widersprechen, wenn sich die Mitarbeiter und Führungskräfte mit ‚ihrem' Unternehmen identifizieren wollen.

In der organisationstheoretischen Literatur werden als Identifikationsobjekte genannt: das Unternehmen, seine Ziele, die dort herrschenden Normen und Werte, die Gruppen innerhalb und außerhalb der Organisation (z. B. Gewerkschaften, Nachbarschaften) und einzelne Personen (wie Vorgesetzte oder allgemein Mitarbeiter, die einen exponierten Status innehaben oder über Macht verfügen). Im einzelnen kann davon ausgegangen werden, daß die Identifikation der Mitarbeiter mit ‚ihrem' Unternehmen als ganzem desto größer ist,

- je länger die Mitgliedschaft in der Organisation andauert,
- je größer die vertikale Mobilität in einer Organisation ist,
- je mehr die Aufsichtspraktiken eine Befriedigung der individuellen Ziele der Organisationsmitglieder erleichtern,
- je mehr die Organisationsmitglieder ein hohes Prestige der Organisation wahrnehmen,
- je besser die Produkte sind,
- je größer die Zahl der Stellen mit hohem Rang in der Organisation ist,
- je größer die Organisation ist und
- je größer das Wachstum der Organisation ist (Weber, 1971, S. 161 f.).

Die Bedeutung der einzelnen Faktoren für das Ausmaß der Identifikation ist von subjektiven und situativen Bedingungen abhängig. Beispielsweise fördern Unselbständigkeit und das Bedürfnis nach Sicherheit und Geborgenheit die Bereitschaft zur Identifikation. Dies gilt vor allem in Situationen der Unsicherheit, zum Beispiel, wenn jemand in ein Unternehmen eintritt. Durch den Abbau der anfänglichen Unsicherheit fällt zwar diese Voraussetzung für die Identifikation fort, doch tritt häufig an deren Stelle ein anderer Faktor. Einmal aufgebaute Identifikationsbeziehungen können sich sehr widerstandsfähig verhalten und ein einmal gewähltes Identifikationsobjekt hat eine gute Chance, Identifikationsobjekt zu bleiben.

Wenn in einem Unternehmen ganz bewußt, regelmäßig und systematisch Identifikationspolitik betrieben wird, dann erwartet man, daß die Mitarbeiter als Ergebnis einer solchen Politik stärker an das Unternehmen gebunden sind,

60 Hindernisse auf dem Weg zu mehr Kreativität

als sie es vorher waren. Sie sollen die Bereitschaft zeigen, die Ziele des Unternehmens zu ihren eigenen zu machen und langfristig der Organisation treu zu bleiben sowie gute bis sehr gute Leistungen zu erbringen. Aus der ökonomisch bestimmten Sicht des Unternehmens ist die Bindung des Mitarbeiters an seine Firma, ihre Ziele und Normen die wertvollste. Die Identifikation mit Arbeitsgruppen oder einzelnen Personen aus diesen Arbeitsgruppen und deren Normen und Zielen kann nämlich im Gegensatz zu den betrieblichen Norm- und Wertansätzen stehen und anstatt zu Kooperation mit der Organisation unter Umständen zu Konflikten mit ihr führen. Da jedoch Identifikationen im personalen Bereich nicht einfach ausgeschaltet werden können, ist es wichtig, darauf hinzuarbeiten, daß es zu einem ausgewogenen Verhältnis der Identifikationsstärke mit den verschiedenen möglichen Objekten wie Arbeitsgruppe, Unternehmen und Unternehmensziele kommt.

Priorität genießt trotz alledem das Bemühen, die Identifikation mit dem Unternehmen als ganzem herzustellen und zu stärken. Das wird unmittelbar deutlich, wenn man die Aktivitäten in den Unternehmen betrachtet:

- Formulierung von Unternehmensgrundsätzen (sogenannte Betriebsbibel),
- Schaffung einer unverwechselbaren betrieblichen Identität, auch ‚corporate culture' oder ‚corporate identity' bzw. Unternehmenskultur genannt,
- Firmenzeitungen,
- Betriebssportgruppen; man denke nur an die erfolgreichen Bayer-Vereine in Leverkusen, Uerdingen und Dormagen,
- betriebliche Erholungsheime in landschaftlich reizvollen Gegenden,
- Förderung von Betriebsorchestern,
- Betriebsfeste und Firmenjubiläen,
- Veranstaltungen, auf denen die Mitarbeiter auf den Betrieb und seine Leistungen eingeschworen werden (betriebliche ‚Feldgottesdienste'),
- zinslose Darlehen,
- Geschenke zu Familienfesten,
- zusätzliches Urlaubsgeld,
- verbilligte oder mietfreie Werkswohnungen,
- Firmenlieder (z. B. bei IBM; in japanischen Unternehmen nahezu obligatorisches Absingen vor Arbeitsbeginn),
- Betriebskleidung (Uniformen, Halstücher und Krawatten in betriebstypischen Farbkombinationen),

Identifikationspolitik – Freund oder Feind der Kreativität? 61

- Anstecknadeln, Buttons, betriebsspezifische Sprache,
- Aufkleber und
- Mythen und Legenden. Sie werden um den oder die Gründerpersönlichkeiten gewirkt und immer wieder erzählt, bis sie auch auf Mitarbeiterebene von selbst laufen. Dabei geht es – und das ist typisch für die gesamten Bemühungen – nicht in erster Linie um die Persönlichkeiten selbst, die das Unternehmen aufgebaut haben, sondern sie dienen nur als Mittler, da häufig „der Übernahme von Normen, Zielen und Werten ... die Identifikation mit einem personalen Identifikationsobjekt vorgeschaltet" ist (Gaugler, 1975, Sp. 1015).

Am einfachsten entsteht gemeinschaftliche Identität durch gemeinsames Handeln. So kommt man einander nahe und sucht nach Bildern, durch die man sich miteinander verbinden kann. In großen Unternehmen ist das nicht möglich. Die meisten Mitarbeiter kennen nur ihre unmittelbaren Kollegen, kommunizieren dadurch nur im eigenen Kreis und wissen wenig über den Rest der Belegschaft.

Hier setzen die Aktivitäten in den Unternehmen ein. Die Mitarbeiter sollen sich als große Gruppen zusammen mit der gesamten Belegschaft begreifen. Eine so geschaffene Kollektivgestalt verliert jedoch leicht ihre scharfen Umrisse und gerät in der Phantasie der Mitglieder besonders großartig. Hat sie allerdings Gestalt angenommen, drängt sich die ständige Sorge in den Vordergrund, wer dazugehört und wer aus dieser instabilen ‚Größen-Identität' ausgeschlossen werden muß. Eine solche Gemeinschaft verhält sich gegenüber Außenseitern feindselig, und in ihrem Innern grassiert ein ständiger Streit darüber, wer die Kollektivpersönlichkeit ‚wirklich' verkörpert. Dieser Reinigungsakt wird zu einer kontinuierlichen, unendlichen Suche nach dem ‚loyalen Staatsbürger' und dem ‚echten Kruppianer', um nur zwei Beispiele zu nennen.

Daß die bedingungslose Bindung ans Unternehmen, wie sie die Identifikationspolitik bei den erfolgswilligen Mitarbeitern hervorzurufen sucht, ein kreativitätshemmendes Konzept ist, wird in den nun folgenden Kapiteln gezeigt.

3. Distanz

Distanz ist eine fundamentale Kategorie menschlicher Existenz. Wir leben in einer Kultur der Unmittelbarkeit, das heißt in einer Welt, in der dem Menschen weitgehend die Fähigkeit abhanden gekommen ist, in seinen Beziehungen zu sich selbst, zu der Sozialwelt, der Dingwelt und der Symbolwelt Distanzen zu artikulieren, aufrecht zu erhalten und zu ändern.

Bevor ich fortfahre, möchte ich zwei Fragen stellen:
(1) Was hat jedoch Distanz mit Identifikation zu tun?
(2) Welchen Nutzen bringt ein Distanzkonzept?

Zu (1): Wenn man sich die Beziehung zu einem Objekt als eine Skala mit den beiden Polen ‚vollständige Identifikation' und ‚totale Gleichgültigkeit' vorstellt, dann markiert Distanz einen Punkt auf dem Kontinuum zwischen den beiden Extremen. Distanz weist nicht nur in eine Richtung, sie kann sowohl Nähe als auch Ferne bedeuten.

Die Begriffe Distanz und Identifikation sind austauschbar, und zwar in der Weise, daß eine hohe Identifikation einer kleinen Distanz und eine lockere Identifikation einer großen Distanz entspricht.

Zu (2): Das Distanzkonzept bringt auf geradezu ideale Weise die beiden Phänomene ‚Identifikation' und ‚Kreativität' zusammen.

Ich will in Anlehnung an Heinz Otto Luthe (1985, S. 87) Distanz folgendermaßen definieren:

Distanz drückt sich aus als Beziehung des Menschen zu sich selbst sowie zu seiner sozialen, physischen und symbolischen Welt. Sie äußert sich im Denken, Fühlen und Handeln. Unter der symbolischen Welt versteht man beispielsweise: Unternehmensgrundsätze, Betriebsvereinbarungen, Betriebsfeste, unternehmenspolitische Maßnahmen.

Distanz ist also nicht gleichzusehen mit Passivität, Kühle, Interessenlosigkeit oder Gleichgültigkeit gegenüber der sozialen, physischen oder symbolischen Welt.

Nach Leopold von Wiese ist Distanz eine „nicht weiter ableitbare Grundkategorie" in der Lehre von den menschlichen Beziehungen, die „unmittelbar evident" ist. „Sie kann deshalb nicht durch Ableitung von psychischen Kategorien wie Sympathie und Antipathie erklärt werden" (ebenda, S. 38 f.). So bedauerlich eine solche Erkenntnis auf den ersten Blick erscheinen mag, so vorteilhaft ist sie jedoch, wenn man bedenkt, daß damit auch langwierige empirische Untersuchungen überflüssig werden. Einem Mitarbeiter, der eine große gefühlsmäßige Distanz zu seinem Vorgesetzten hat, wird kein seitenlanger Fragebogen mit vielen „Warum-Fragen" vorgelegt. Die Distanz des Mitarbeiters M zu seinem Vorgesetzten V hat ihr Recht für sich – ebenso wie die roten Haare von Direktor D.

Die Skalen der emotionalen und kognitiven Distanz

Wenn wir uns eine Skala der *emotionalen* (affektiven) Distanz zu einem Gegenstand (Person, Sache, Symbol) mit den Stufen von 0 bis 10 vorstellen, dann kann man die Skalenbereiche wie folgt kennzeichnen:

0-Distanz:
sehr hohe emotionale Intensität;
Wut, Panik, Eifersucht;
Identifikation im Sinne von Eins-Sein.

1, 2, 3-Distanz:
hohe emotionale Intensität;
Haß, Liebe;
vollständige Identifikation.

4, 5, 6-Distanz:
mittlere emotionale Intensität;
gelassen gegenüber einem Identifikationsobjekt;
moderate Identifikation.

7, 8-Distanz:
schwache emotionale Intensität;
reserviert gegenüber einem Identifikationsobjekt;
schwache Identifikation.

9, 10-Distanz:
kaum wahrnehmbare Emotionen;
gleichgültig gegenüber einem Identifikationsobjekt;
keine nennenswerte Identifikation.

0-Distanz heißt keinen Abstand zum Gegenstand der emotionalen Beziehung zu haben. Eifersüchtig zu sein auf einen Menschen bedeutet, daß keine affektive Distanz zu diesem Menschen existiert, im Gegenteil: Man fühlt sich sehr stark an den Partner gebunden, was im übrigen auch für die Wut gilt. Beides, Eifersucht und Wut, machen bekanntlich blind. Man ist so *eins* mit dem Objekt dieser sehr starken emotionalen Beziehung, daß einem für eine objektive Beurteilung die Distanz fehlt.

Der Gegenpol zur Eifersucht auf der Skala der emotionalen Distanz ist nicht der Haß, sondern die Gleichgültigkeit. Während Eifersucht und Wut ‚blind' und damit distanzlos machen, bedeutet Gleichgültigkeit, daß die Distanz zu dem Beziehungsobjekt so groß ist, daß man von ihr gar nicht erreicht, gar nicht berührt wird, innerlich völlig unbeteiligt ist. Es gibt sicher Situationen, in denen ein starkes emotionales Engagement oder auch eine stark unterkühlte Beziehung von Nutzen sein kann; den meisten Erfolg in Leistungssituationen wird man dann haben, wenn man zwar emotional engagiert ist, jedoch besonnen bleibt und stets in der Lage ist, seine Handlungen zu kontrollieren und zu verantworten.

Entsprechend der Skala der emotionalen Distanz existiert auch eine solche der *kognitiven* Distanz. Die Distanzbereiche lassen sich folgendermaßen beschreiben:

0-Distanz:
kognitiv mittendrin;
es gelingt nicht, einen klaren Gedanken zu fassen.

1, 2, 3-Distanz:
kognitiv zu nah dran (den Wald vor lauter Bäumen nicht sehen);
betriebsblind.

4, 5, 6-Distanz:
man hat Überblick;
kann jederzeit klare Gedanken fassen.

7, 8-Distanz:
kognitive Prozesse sind nur ganz schwer in Gang zu bringen;
lustlos, wenig Interesse.

9, 10-Distanz:
kognitives Aktivitätsniveau ist nahe Null;
abgeschaltet.

Der Dualismus von Nähe und Distanz

Nur wo wir nahestehen, darinstehen, haben wir die Kenntnis von einer Angelegenheit – nur wo wir Distanz haben, gibt es Objektivität und Überblick, die zum Urteilen notwendig sind. Dieser Dualismus von Nähe und Ferne gehört gewissermaßen zu den Grundformen unseres Lebens. Nähe und Ferne benötigen wir sowohl im privaten Alltag als auch in der betrieblichen Praxis – und zwar in ganz besonderer Weise für kreatives Verhalten.

Daß Distanzphänomene relativ breiten Raum in diesem Buch einnehmen, hat im wesentlichen zwei Ursachen:

- Erstens ist Distanz des affektiven und kognitiven Bereichs bisher ein weitgehend vernachlässigtes Thema und besitzt ein enormes Nachholpotential.
- Zweitens sind allgemeine Distanzphänomene – man denke nur an Ironie, Witz und Satire – auch in Unternehmen zu Hause und nehmen dort zum Teil wichtige sozialhygienische Funktionen wahr.

Bei den Beispielen ist bewußt der Bezug zur betrieblichen Praxis gesucht worden.

Liebe macht blind – Distanzphänomene im Alltag

Belege für Distanzphänomene finden wir bereits in den ältesten Quellen unserer Kultur. Schlagen wir das Alte Testament auf, so wird gleich zu Beginn im ersten Buch Mose von der Erschaffung der Welt berichtet. Die Vollendung der Schöpfung erfolgte jedoch nicht nach dem sechsten, wie man gemeinhin glaubt, sondern erst nach dem siebten Tag. Der siebte Tag als Tag der Besinnung und letzten Reflexion symbolisiert die nötige Distanz, um das Werk gebührend betrachten, bewerten und damit zum Abschluß bringen zu können. Dazu heißt es im ersten Buch Mose im zweiten Kapitel: „Und er ruhte am siebenten Tag von all seinem Werke, das er gemacht hatte. Und Gott segnete den siebenten Tag und heiligte ihn; denn an ihm hat Gott geruht von all seinem Werke, das er geschaffen und vollbracht hatte".

Mark H. McCormack, der amerikanische Top-Consultant, berichtet über das ebenfalls in Richtung (zeitliche) Distanz weisende Phänomen „Abwarten" aus seiner Praxis: „Ich wundere mich immer wieder, wie sich allein dadurch, daß man etwas Zeit verstreichen läßt, eine Situation grundlegend ändern kann. Und deshalb warte ich ab – ich warte ab, daß die Leute sich beruhigen, daß Probleme sich von allein lösen oder daß ein neuer, besserer Gedanke auftaucht. Abzuwarten ist nicht einfach. Ein dynamischer Geschäftsmann ist darauf trainiert, Entscheidungen zu treffen. Doch gibt es viele Krisensituationen, in denen Nichtstun das Konstruktivste ist, was Sie tun können. Immer, wenn mir Zweifel an der Wahrheit dieser Feststellung kommen, erinnere ich mich daran, daß der größte Teil unserer geschäftlichen Erfolge irgendwie mit geduldigem Abwarten zu tun hatte, die überwiegende Mehrheit unserer Mißerfolge dagegen darauf zurückzuführen war, daß es uns an Geduld mangelte" (1989, S. 50). Überhaupt schätzt McCormack den Faktor Zeit als die beste Waffe ein, die einem Geschäftsmann zur Verfügung steht.

Im Alltagshandeln wird dem einzelnen Menschen vor allem Distanz zu den Gefühlen abverlangt: „Ein Pathos der Nüchternheit, Selbstkontrolle und Selbstbeherrschung gegenüber jedweder unbefangenen Hingabe an die Welt" (Luthe, 1985, S. 35 f.). Dies gilt auch für die östlichen Kulturen. Der Weg des Tao beispielsweise ist der Weg zu den zentralen Kräften, von denen eine gleichbedeutend ist mit ‚im Mittelpunkt ruhen'. Allzu heftige Gefühle, allzu große Leidenschaften lassen den Weisen aus seiner Mitte fallen, und dann reduziert sich für ihn die Zufuhr der Tao-Kraft.

Die Forderung nach Distanz findet auch und gerade in der Schauspielkunst ihre Berechtigung. Ein Schauspieler, der an die eigenen Tränen glaubt, der sich in seiner Darstellung nach den eigenen Gefühlsregungen richtet, der keine Distanz zu den von ihm dargestellten Emotionen hat, ist zu einem in sich geschlossenen Spiel nicht fähig. Diderot drückte dies sehr anschaulich aus: „Wenn der Schauspieler Gefühl hätte, könnte er – Hand aufs Herz! – zweimal hintereinander die gleiche Rolle mit der gleichen Wärme und dem gleichen Erfolg spielen? Bei der ersten Vorstellung wäre er warm, ja heiß, um bei der dritten bereits erschöpft und eiskalt zu sein" (1964, S.8). Der Schauspieler braucht Distanz zu den von ihm dargestellten Emotionen und Personen. Dabei hilft ihm die Unmöglichkeit, sich mit der dargestellten Figur identitätsauflösend zu identifizieren. Das jedoch verringert nicht die Wirkung der schöpferischen Gestaltung, sondern rückt buchstäblich zu ihrer unabdingbaren Voraussetzung auf.

Gerade im Zusammensein mit anderen ist auf Distanz zu achten, wie dies Arthur Schopenhauer in seiner Fabel von den Stachelschweinen so erfrischend lebensnah und für uns nachvollziehbar erzählt: „Eine Gesellschaft

Stachelschweine drängte sich, an einem kalten Wintertage, recht nahe zusammen, um, durch die gegenseitige Wärme, sich vor dem Erfrieren zu schützen. Jedoch bald empfanden sie die gegenseitigen Stacheln; welches sie dann wieder voneinander entfernte. Wann nun das Bedürfnis der Erwärmung sie wieder näher zusammen brachte, wiederholte sich jenes zweite Übel; so daß sie zwischen beiden Leiden hin- und hergeworfen wurden, bis sie eine mäßige Entfernung von einander herausgefunden hatten, in der sie es am besten aushalten konnten. – So treibt das Bedürfnis der Gesellschaft, aus der Leere und Monotonie des eigenen Innern entsprungen, die Menschen zu einander; aber ihre vielen widerwärtigen Eigenschaften und unerträglichen Fehler stoßen sie wieder von einander ab. Die mittlere Entfernung, die sie endlich herausfinden und bei welcher ein Beisammensein bestehen kann, ist die Höflichkeit und feine Sitte. Dem, der sich nicht in dieser Entfernung hält, ruft man in England zu: Keep your distance! – Vermöge desselben wird zwar das Bedürfnis gegenseitiger Erwärmung nur unvollkommen befriedigt, dafür aber der Stich der Stacheln nicht empfunden" (Luthe, 1985, S. 209).

Nach diesem Ausflug ins Land der Fabeln wollen wir uns wieder den Realitäten des Alltags widmen. Eine starre Trennung von räumlicher, zeitlicher, kognitiver und affektiver Distanz ist nicht möglich. Eine beeinflußt die andere, hängt eng mit ihr zusammen. Aus diesem Grunde will ich Schwerpunkte bilden und die Rolle der Distanz – im positiven wie auch im negativen Sinne – exemplarisch darstellen.

Distanz durch Ironie, Witz und Satire

Ironie und Satire und darauf aufbauende Witze haben gemeinsam, daß sie zum einen nicht versöhnlich wie der Humor, sondern aggressiv, ja mitunter von beißender Schärfe sind und zum anderen eine kognitive Orientierung haben. In der Selbstironie drückt sich eine kritische Haltung sich selbst gegenüber aus. Diese kritische Haltung bewirkt eine kognitive Distanz, die es möglich macht, über sich selbst zu sprechen, ohne dabei das Gesicht zu verlieren oder zu verkrampfen und dann lächerlich zu wirken. Diese Distanz, die man zu sich selbst aufbaut, um die eigene Identität zu schützen, kann verschiedenes Aussehen haben. Einige Beispiele sind:

(1) Man kränkt sich selbst, um den anderen zuvorzukommen.
(2) Man nennt seine eigenen Schwächen und betont, zu ihnen zu stehen, weil man nicht perfekt sein wolle.

(3) Man thematisiert seine eigenen Mängel nach der Devise: Selbsterkenntnis ist der erste Weg zur Besserung.

Ironie und Satire müssen, sollen sie wirken, vom Kommunikationspartner verstanden werden. Dieser muß die Hintergrundfakten kennen, will er das Verhalten des Erzählers richtig deuten. Karl Kraus, der österreichische Schriftsteller und brillante Satiriker deutscher Sprache, schlug vor, man solle ironische Bemerkungen mit spezifischen Satzzeichen versehen, damit jeder gewarnt sei.

Es gehört zu den Konstruktionsmerkmalen von Witzen, daß sie auf Typisierungen zurückgreifen (Vorgesetzter, Arzt, Beamter, Sekretärin, Ostfriese ...) und nicht etwa von Einzelfällen berichten.

Viele Situationen im menschlichen Miteinander sind nur durch Ironie und Satire zu ertragen. Die Mißstände sind so groß und so wenig durch den einzelnen änderbar, daß dieser sich schützen muß. Der schützende Weg in die Ironie ist Flucht aus der bedrängenden Situation. Ändern läßt sich durch sie nichts; denn Ironie wird so gut wie nie gegenüber denjenigen in direktem Kontakt praktiziert, die etwas ändern könnten. Aus Furcht vor dem Mißverstandenwerden und vor Repressalien unterbleibt sie hier in der Regel.

In alltäglichen Situationen bei fortdauernd nahen Sozialbeziehungen, wie wir sie etwa bei enger Zusammenarbeit in Gruppen finden, dienen Scherze der Regulierung von Nähe und Distanz. Einerseits würde eine zu große Nähe Energien absorbieren und Ansprüche Dritter verletzen, andererseits kann man sich auch nicht völlig aus dem Wege gehen, weil die physische Nähe im Rahmen eines Zusammenseins unvermeidlich ist.

Je größer die Verantwortung, desto größer ist auch der Wunsch, nicht von dieser Verantwortung erdrückt zu werden. Der Arzt beispielsweise kann nicht alle potentiellen Variablen, die unser Leben bestimmen und auch beenden, kontrollieren. Das weiß er, und doch bleibt im Todesfall ein Rest von Mißtrauen gegen sich selbst, nicht alles in seiner Macht Stehende getan zu haben. Unter dieser Last würde jeder junge Arzt zusammenbrechen und über kurz oder lang berufsunfähig werden, gäbe es nicht die Möglichkeit der Selbstdistanzierung, zum Beispiel in Form von Ironie, Satire und Witz.

Während ich in den bisherigen Beispielen zur Distanz des Arztes primär die verstandesmäßige Distanz angesprochen habe, will ich nunmehr auf die gefühlsmäßige Distanz hinweisen. Dabei wird auch deutlich, daß die beiden Distanzformen miteinander verknüpft sind. Wenn sich beispielsweise der Arzt mit seinen Patienten und ihren Leiden total identifizieren würde, wäre es ihm nicht möglich, sie zu heilen. Zum einen würde ihn das Mitleiden zu sehr schwächen, und zum anderen würde ihm die notwendige Distanz zum Nachdenken über die richtige Therapie fehlen. Als Hinweis auf die Richtigkeit dieser Annahme möge die Aussage dienen, daß bei Krankheiten, die eine differenzierte Diagnose und Therapie erforderlich machen, der Arzt zwar Patienten, aber nicht sich selbst heilen kann. Es fehlt ihm die zur Behandlung notwendige Distanz zu sich selbst.

Daß auch Humor in einer engen Beziehung zur Kreativität steht, darauf weisen Ketteringham und Nayak hin. Bei dem Versuch der Mitarbeiter der Bell Laboratories, dominierende Eigenschaften des sogenannten kreativen Typs herauszufinden, ergab sich folgendes: Sie fanden bei den von ihnen untersuchten kreativen Personen nur zwei Merkmale, die eine hinreichende Beziehung zur Kreativität aufwiesen: eine außergewöhnlich hohe Toleranzspanne gegenüber chaotischen Arbeitsverhältnissen und ein gut entwickelter Sinn für Humor (1989, S. 28).

Distanz durch geographische Entfernung

Bei dem Begriff Distanz denken wir unwillkürlich an einen räumlichen Abstand, einen Zwischenraum zwischen zwei Punkten. Im Urlaub bzw. in den Ferien legen Millionen Bürger zwischen sich und ihren Heimatort viele hundert Kilometer. In beengten Verhältnissen, nicht selten sogar recht primitiven Unterkünften, verbringen sie die „kostbarsten Wochen des Jahres", wie ihnen die Werbung erfolgreich suggeriert. Jeder, der einmal verreiste, weiß, wie anstrengend eine Reise sein kann – und doch ist die Reiselust ungebrochen. Abgesehen von den Dutzenden von Motiven für eine Urlaubsfahrt gewinnt man durch die Ferne Distanz zu Problemen, erscheinen Sorgen und Nöte kleiner. Und das kann auch eine vertikale Entfernung sein, wenn man das Bergsteigen und die dort gesammelten Erfahrungen betrachtet. In der Höhe gewinnt man Distanz zum Leben in der Enge des Dorfes oder der Stadt, Bergsteigen gilt als ideal fürs Nachdenken.

Es ist schon erstaunlich, was eine große geographische Distanz zur Heimat bewirken kann. Landsmannschaftliche Reibungspunkte, wie die zwischen den Bayern und den Preußen haben beispielsweise am Nordkap keine Bedeutung mehr. Das gilt auch für andere Länder und andere Zeiten. G. Jennings berichtet in seinem Marco-Polo-Roman darüber, „daß draußen im

Osten alle Menschen aus dem Abendland freundschaftlich miteinander auskommen – selbst Genueser mit Venezianern, auch dann, wenn sie Rivalen im Handel sind, ja, selbst dann, wenn ihre Heimatstädte gerade einen ihrer häufigen Seekriege miteinander führen" (1987, S. 195).

Man hat schon immer dem Propheten aus dem eigenen Land mißtraut. Wenn ein Bürger der Bundesrepublik über unser Land berichet, kann man sicher sein, daß dies in der Regel weniger Gewicht hat, als wenn dies ein Ausländer tut. Er hat mehr Abstand, wird gesagt. Soll heißen: Er hat mehr Überblick, ist objektiver, sein Blick ist nicht durch die Loyalität zur Heimat getrübt. Ein vergleichbar gutes Beispiel ist der Berater, der von außen kommende Helfer eines Unternehmens.

Diese Distanz zu Bekanntem, Vertrautem und Erlerntem wollen manche Gruppen suchen, indem sie ganz gezielt länger von zu Hause fortgehen. Die Wandergesellen beispielsweise pflegen diesen alten Brauch. Sie verweilen während ihrer mehrjährigen Wanderschaft stets nur wenige Wochen bei einem Meister. Zurück im heimatlichen Betrieb, hat der Wandergeselle dann die nötige Distanz, um manches Ineffektive, Eingefahrene dort sehen und ändern zu können. Positiver Effekt ist auch, daß das, was daheim gut gemacht wird, nunmehr erkannt und gewürdigt wird. „Erst wenn du die Stadt verlassen hast, siehst du, wie hoch sich ihre Türme über die Häuser erheben", sagte Friedrich Nietzsche.

Ähnlich muß das schöpferische Genie oft seine angestammte Heimat verlassen, um sich unter den Bedingungen des Exils oder der Entfremdung entfalten zu können. So mußte Mozart die Bande durchtrennen, die ihn an Salzburg fesselten; Händel ging nach London, Chopin und Strawinsky nach Paris, Beethoven und Brahms zogen nach Wien.

Distanz in Form räumlicher Entfernung wird auch gern für Schulungen, Konferenzen, Präsentationen neuer Produkte und schwierige Beratungen gesucht. Je abgelegener eine Unterkunft ist, desto geeigneter erscheint sie für diese Gelegenheiten. Aus der altvertrauten Umgebung herausgerissen, kann man erleben, daß mancher als recht zugeknöpft und eigenwillig bekannte Mitarbeiter aufgeschlossen und kooperativ ist. Alte Besitztümer, versehen mit territorialen Vorrechten, gibt es dann (noch) nicht; von daher ist an solchen fremden Plätzen manches Positive im Sinne von Neuem, Überraschendem, Kreativem möglich. Empfehlung an dieser Stelle: nicht zu häufig denselben Tagungsort aufsuchen.

Für Sportler wird ein Trainingslager vor wichtigen Wettkämpfen allgemein befürwortet. Doch ist hier Vorsicht geboten. Manches sieht aus der

Distanz – vor allem dann, wenn sie sehr groß ist – schlimmer aus, als es wirklich ist. So erleben Nachrichten aus der Heimat auf diese Weise oft eine künstliche Aufblähung. Zum anderen verlangen die vielen neuen Eindrücke nach einer Verarbeitungs-Distanz; weiterhin kommen als belastende Elemente die ständige Präsenz der Mitspieler und des Trainers sowie das permanent im Raum stehende Thema ‚der nächste Wettkampf' hinzu. Ein Zusammenhang zwischen räumlicher Distanz und kognitiver Distanz besteht also *nicht* immer in der Weise: weite räumliche Distanz = weite kognitive Distanz und nahe räumliche Distanz = nahe (keine) kognitive Distanz. Der funktionale Zusammenhang zwischen der räumlichen und der kognitiven Distanz kann eher wie in Abbildung 11 skizziert werden.

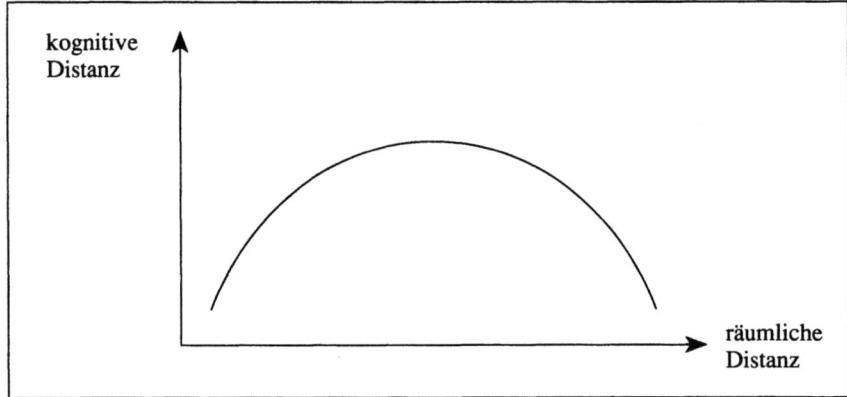

Abbildung 11: Zusammenhang zwischen räumlicher und kognitiver Distanz

Zu weite räumliche Distanz bedingt häufiges Denken an Vertrautes, Liebgewonnenes. Vieles sieht aus der großen Entfernung nicht nur negativer, sondern häufig auch positiver aus, als es sich in der Realität der Daheimgebliebenen darstellt. Beispiel: Die Vertriebenen sehen ihre Heimat verklärt. Resultat: Die kognitive Distanz wird kleiner, was sich in der Zeichnung durch das Fallen der Kurve ausdrückt. Eine zu kleine geographische Distanz bewirkt auch eine zu kleine kognitive Distanz, man klebt förmlich an dem Gegenstand seiner Gedanken, wird ‚blind', ‚sieht den Wald vor lauter Bäumen nicht mehr'. Empfehlung: Sucht man geographische Entfernung, um den ‚Kopf frei zu machen', Verkrampfungen zu lösen und der Kreativität und dem Spiel der Ideen freien Lauf zu lassen, dann ist eine mittlere Entfernung wohl die beste Lösung. Wie groß oder klein die optimale Distanz ist, muß in jedem Einzelfall bestimmt werden, sie läßt sich nicht pauschal als mathematischer Mittelwert empfehlen.

Die Literatur kennt zahllose Seeabenteuer und -gefechte. Immer wieder ist zu lesen, daß kurz vor dem Kampf Rum an die einfachen Soldaten ausgegeben wurde – sie sollten jetzt nicht mehr denken und grübeln, sondern kämpfen. Ihnen wurde Alkohol verabreicht, um ihre kognitive und ihre emotionale Distanz zum Gegner zu verringern. Sie sollten nicht mehr genügend kognitive Distanz für eine ‚nüchterne', möglicherweise Skrupel erzeugende Analyse besitzen, zum anderen sollte der Alkohol für eine kleine, haßerfüllte, blindwütig machende emotionale Distanz zum Gegner sorgen.

Für Strategie und Taktik sind die Offiziere zuständig, für die Ausführungen die einfachen Soldaten, deren Uniform nicht nur eine Orientierungsfunktion (Freund/Feind), sondern auch eine Identifikationsfunktion ausübt. Die Aufmarschbilder aus der Nazizeit haben symbolhaften Charakter für die Distanzlosigkeit des Befehlsempfängers: mit der Masse zur Einheit verschmolzen. Hier fehlte die Distanz, um ‚aus der Reihe tanzen' zu können. Ideen, Freiräume und Individualität waren nicht gefragt. Im Gegenteil, die Parole hieß: Im Gleichschritt, Marsch! Wesentliches hat sich bis heute nicht geändert. Auch wenn nach außen manche zur Schau getragene verblüffende Offenheit und Lässigkeit den Eindruck erwecken mag – ein grundlegendes Umdenken hat nicht stattgefunden in bezug auf Gehorsam, Achtung der Individualität, Kreativität oder gar Förderung dessen, was man im zivilen Leben als Mitentscheidung kennt.

Parallelen zur Wirtschaft sind nicht zufällig, weil Organisations- und Führungssysteme vorzugsweise dem Militär entlehnt sind. Störende Gedanken und Gefühle bei der Arbeit werden zwar nicht offiziell durch die Ausgabe von Alkohol gelöst, doch weiß man sich ebenfalls zu helfen, um den Gegner, der bei der industriellen Arbeit häufig in Gestalt von Monotonie und Langeweile auftritt, zu bekämpfen. Es ist sicher erklärungsbedürftig, wie Individuen restriktive und repetitive Arbeitsbedingungen gehorsam aushalten und dabei noch ihre Arbeitskraft maximal verausgaben können. Die Arbeitswissenschaften empfehlen, durch vorgeschriebenes Arbeitstempo das Automatisieren und Tagträumen zu unterstützen, so daß das Individuum seine Denkfähigkeit von der Arbeit abwenden kann. Die dabei möglicherweise entstehenden Ideen sollen dem Betrieb zugute kommen. Gleichzeitig mit dem Automatisieren und dem Träumen sollen in den Unternehmen auch die regressiven Tendenzen gefördert werden. Musik – so hat die Arbeitspsychologie wissenschaftlich belegt – lenkt die Phantasietätigkeit von der Arbeitsrealität weg in die Illusion und steigert als Nebeneffekt auch noch die Leistung. Die jedoch wohl umfassendste und wirksamste Strategie, ein problemloses, gehorsames Funktionieren am Arbeitsplatz zu erreichen, ist, Angebote zu organisieren, die dem Identifikationsbedürfnis des Mitarbeiters entgegenkommen. *Ist dieser erst einmal eng an das Unternehmen gebunden, halten seine subjektiven Strukturen der Fragmentierung durch die industrielle Arbeit besser stand.*

Distanz und Liebe

Unser Bedürfnis nach Liebe ist „auf unsere Erfahrung des Getrenntseins und auf das daraus resultierende Verlangen zurückzuführen ..., die aus der Getrenntheit entspringende Angst durch die Erfahrung von Einheit zu überwinden" (Fromm, 1980, S. 75). Die Liebe befriedigt dieses universale existentielle Bedürfnis nach Einheit.

In der erotischen Liebe, die im Gegensatz zur Mutterliebe oder zur Nächstenliebe durch ihre Exklusivität gekennzeichnet ist, wird dieser Ausschließlichkeitsgrundsatz häufig mit dem Wunsch verwechselt, vom anderen Besitz zu ergreifen. Dies geschieht vor allem dann, wenn es sich nicht um eine reife Liebe handelt, sondern wenn es eine rein symbiotische Beziehung ist. Am Anfang, so analysiert Peter Lauster dieses verbreitete Phänomen, hat der andere noch Unabhängigkeit, ist eingefügt in eine andere soziale Konstellation, hat seinen Freundeskreis, geht seinem Beruf nach und pflegt seine Neigungen und Interessen. Dann kommt der Partner mit seiner Verliebtheit, mit seiner liebenden Aufmerksamkeit, mit seinem Sex, bricht ein in dieses Leben und baut schnell Nähe auf.

Um jemanden objektiv sehen zu können, benötige ich jedoch Distanz. Wahre Erkenntnis über einen anderen erreiche ich nur, wenn ich zu ihm den nötigen Abstand habe, was zumindest im Stadium der Verliebtheit äußerst selten zu finden ist.

Die Idee, Liebe gründe in einer Tauschbeziehung, geht auf Vorstellungen zurück, die in einer marktwirtschaftlich orientierten Gesellschaft naturgemäß dominieren. Wenn Menschen einander so nahe kommen, daß sie sich kennen- und liebenlernen, dann wird dieses Wissen zu einer Sache der gegenseitigen Selbstoffenbarung. Wenn schließlich die Offenbarungen ausgehen, man sich alles erzählt hat, die Vertrautheit immer mehr den geheimnisvollen Charakter verliert und die Tauschwaren erschöpft sind, dann geht auch allzu oft die ganze Beziehung zu Ende. Sie ist erschöpft, weil keine Distanz mehr zwischen den Partnern existiert, die zu überwinden sich lohnt; die reizvolle Spannung ist der Langeweile gewichen. Die Erschöpfung einer Beziehung paßt sehr genau zu der narzistischen Überzeugung, daß man bei dem sozialen Tauschhandel noch längst nicht das bekommen hat, was man bekommen könnte.

Gerd Gerken, einer der profiliertesten und eigenwilligsten Unternehmensberater Deutschlands, stellt in seinem Buch ‚Management by Love' (1990) die Identifikation des Mitarbeiters mit seinem Unternehmen unter stark zukunftsbezogenem Aspekt dar. Um die wachsenden Herausforderungen bewältigen zu können, muß nach seiner Ansicht ein neues Maß an Liebe und Leidenschaft entfacht werden. Um die Mitarbeiter jedoch zu voller Handlungsleidenschaft zu mobilisieren, werde es immer wichtiger, daß neue Führungskonzepte und offene Organisationsformen entwickelt würden, die es den Mitarbeitern möglich machten, ihrem Unternehmen mit Liebe zu begegnen und sich mit ihm durch Liebe zu verschmelzen. Diese vollständige Hingabe soll nicht nur im internen Bereich des Unternehmens stattfinden, sondern auch in den Außenbereichen. Für das Marketing der Zukunft beispielsweise fordert Gerken, daß sich die Mitarbeiter intensiv mit den Konsumenten verschmelzen.

Als aktuelles Beispiel führt er ESPRIT, den weltbekannten Modeproduzenten an. Dort wird ein vollständiges Eintauchen der Mitarbeiter ins gesellschaftliche Umfeld und das permanente Mitfließen mit dem fließenden Zeitgeist angestrebt. Aufgenommen in die große Familie wird nur derjenige, der der ESPRIT-Formel ‚Fitness and Fun' mit leidenschaftlicher Identifikation folgen kann. Kritisch merkt Gerken zur ESPRIT-Philosophie allerdings an, daß sie ein Glaubensbekenntnis sei, dessen Praktizierung eine Pflicht für die Mitarbeiter darstelle. Er vergißt dann über all den Vorteilen [extrem flache Hierarchie, keine festen Organigramme (stets ein Vorteil?), keine Befehle und kein rigides Karriere-Spiel von der Art ‚jeder gegen jeden'], daß die extremen Bindungen, die die Mitarbeiter einzugehen haben, nicht allgemeingültige Positiva sind. Das heißt, die in den Rang eines Dogmas erhobene Forderung nach Verschmelzung ist nicht auf jede Branche und nicht auf jedes Unternehmen übertragbar.

Die Nähe zu den Kunden bringt nicht nur eine bessere Abstimmung der Produkte auf die Wünsche der Klientel, sondern darüber hinaus sind die Kunden häufig an den Innovationen in nicht unerheblichem Maße beteiligt. Sie stellen also eine wichtige Quelle für innovative Produktideen dar. Ist ein

Mitarbeiter für diese von außen in den Betrieb hineingetragenen schöpferischen Ideen jedoch überhaupt zugänglich, wenn er sich vollständig mit *seinem* Unternehmen identifiziert und damit in vertrauten Gedankengängen und Denkmustern quasi gefangen ist? Wenn ich jetzt noch einmal auf das ESPRIT-Beispiel zurückkommen darf: Schätzt Gerd Gerken vielleicht die Lage in diesem Unternehmen nicht richtig ein, wenn er annimmt, daß der Erfolg darauf basiert, daß die Mitarbeiter durch Liebe mit *ihrem* Betrieb verschmolzen sind? Ist es nicht vielmehr so, daß der ständige, auf Neugier und Dazulernen beruhende Kontakt der Mitarbeiter mit der außerhalb des Unternehmens stehenden Klientel und das ständige Austauschen und Sondieren von Ideen Indizien für eine psychologische Distanz zum eigenen Betrieb sind? Erst sie läßt nämlich schöpferische Befruchtungen aus dem Externbereich zu.

Distanz und allgemeine Alltagserfahrungen

Es gehört zu den Alltagserfahrungen, daß man ein Problem besser lösen kann, wenn man Abstand zu ihm gewonnen hat. Ist das Problem neu, tut man gut daran – vorausgesetzt, die Situation erlaubt es, – sich zuerst einmal ganz entspannt zurückzulehnen und damit Distanz zu gewinnen, das Problem von allen Seiten zu betrachten und auch die anscheinend unmöglichsten Lösungsansätze nicht gleich zu verwerfen.

Das Stichwort ‚Entspannung' möchte ich aufgreifen. Allenthalben wird darüber geklagt, daß man sich gar nicht mehr richtig entspannen kann. Insbesondere den Sonn- und Feiertagen ist ihr ehemals hoher Entspannungswert offensichtlich abhanden gekommen. Wenn man die Menschen an diesen vormals herausgehobenen Tagen beobachtet, so fällt auf, daß sie sich in ihrem Tun und vor allem in ihrer Kleidung nicht mehr vom sogenannten normalen Alltag abheben. Liegt der geminderte Entspannungsnutzen vielleicht schon darin begründet, daß durch die auch an Feiertagen getragene Alltagskleidung keine ausreichende psychologische Distanz zu der hektischen Betriebsamkeit des Werktags entsteht?

Lehrer und Schüler, Ausbilder und Auszubildende verbindet ein gleiches Problem. Alle benötigen Zeit für den Lernstoff. Der Lehrer oder Ausbilder muß Distanz zum vorbereiteten Stoff haben; kurz nach der erstmaligen Vorbereitung ist es fast nicht möglich, das Wissen in einer zufriedenstellenden Form weiterzugeben. Ebenso wie ein Schüler, der sich noch kurz vor einer Klassenarbeit vorbereitet, geht es diesem Lehrer. Beide haben keine ausreichende Distanz zum Stoff, stehen quasi ‚mittendrin' und können ohne den zur Reflexion nötigen Abstand das Wissen nicht adäquat ausbreiten.

Ebenso verhängnisvoll wie eine zu kurze Vorbereitungszeit auf eine geforderte Höchstleistung ist die Neigung vieler Schüler, Auszubildender oder auch Sportler, zuviel zu lernen oder sich überzutrainieren. Der eigenen Spontaneität, Kreativität, Spritzigkeit oder wie auch immer man das nennen mag, wird leicht mißtraut, was dazu führt, daß man sich auf jede nur denkbare Situation vorbereiten will. Der Examenskandidat bereitet sich aus Furcht vor Wissenslücken in monatelanger, oft mühevoller Arbeit auf den gesamten Stoff der letzten zehn Semester vor und muß dann häufig erkennen, daß er vor allem reines Faktenwissen angehäuft hat. Ihm fehlt für eine gute oder sehr gute Note die Distanz, um das Gelernte aus abgehobener Position (nicht zu verwechseln mit ‚von oben herab') kritisch zu reflektieren.

Stand die Entwicklung eines neuen Produktes an, so setzten sich in der Vergangenheit häufig lediglich die entsprechenden Fachleute aus den technischen Bereichen zusammen. Inzwischen hat man verstärkt die Tatsache zur Kenntnis genommen, daß nicht immer nur der Techniker die Erfindung macht, sondern vielfach der mit der nötigen Distanz zum Fach ausgestattete Laie. Dazu existieren viele gute Beispiele, die inzwischen Geschichte sind:

Eine kleine Auswahl:

Alois Sehnefelder; (Schauspieler):	Erfinder der Lithographie,
Nikolaus Otto; (Buchhalter):	Miterfinder des nach ihm benannten Verbrennungsmotors,
John B. Dunlop; (Tierarzt):	Erfinder des luftgefüllten Gummireifens,
Peter Mitterhofer; (Tischler):	Erfinder der Schreibmaschine,
Benjamin Franklin; (Staatsmann):	Erfinder des Blitzableiters,
Edmund Cartwright; (Geistlicher):	Konstrukteur des ersten brauchbaren mechanischen Webstuhls.

Je mehr, desto besser – Distanzphänomene im Unternehmen

Thomas J. Peters und Robert H. Waterman jr. haben empirisch untersucht, was ‚exzellente' Unternehmen so erfolgreich macht. Die Forschungsergebnisse der beiden zeigen, daß es eine Reihe von gemeinsamen Merkmalen gibt, in denen sich ein besonders erfolgreiches Unternehmen von weniger guten Mitbewerbern unterscheidet. Diese acht Merkmale sind:

- Primat des Handelns
- Nähe zum Kunden
- Freiraum für Unternehmertum
- Produktivität durch Menschen
- sichtbar gelebtes Wertsystem
- Bindung an das angestammte Geschäft
- einfacher, flexibler Aufbau
- straff-lockere Führung.

Distanzphänomene existieren in jedem dieser Merkmale. Allerdings in sehr unterschiedlicher Ausprägung. Greifen wir dazu als Beispiele exemplarisch den ‚Freiraum für Unternehmertum' und das ‚sichtbar gelebte Wertsystem' heraus.

Über innovative Unternehmen wird berichtet, daß sie die Mitarbeiter ‚an der langen Leine' führen. Ihnen wird Freiraum für eigene Ideen in ‚Talentschuppen', ‚Task forces', Qualitätszirkeln oder anderen autonomen Arbeitsgruppen zugebilligt; das heißt, es wird ihnen Distanz zur durchorganisierten täglichen Routine gewährt. In vielen Fällen wird jedoch gleichzeitig auch verlangt, daß die Wertvorstellungen des Unternehmens von den Mitarbeitern vorbehaltlos geteilt und gepflegt werden. Auf den ersten Blick erscheinen diese Wertgrundsätze durchaus als sinnvoll und produktiv. Das Hauptmotiv ist dabei in dem Bemühen zu sehen, die Mitarbeiter voll an das Unternehmen zu binden. Dieser Identifizierungsdruck nach der Devise: „Je mehr – desto besser' verhindert jedoch die Ausbildung einer kritisch-konstruktiven Distanz zum Unternehmen. Ein Beobachter schreibt über die Verhältnisse bei 3M: „Selbst Mitglieder einer politischen Sekte nach einer Gehirnwäsche könnten in ihren Grundüberzeugungen nicht konformistischer sein" (Peters & Waterman, 1984, S. 38 f.). Dieser Anpassungsdruck ist in den exzellenten Unternehmen so groß, daß den Mitarbeitern keine Alternative zur vollen Anpassung an die Normen der Firmenkultur bleibt. Einen Mittelweg gibt es für die meisten Mitarbeiter dieser Unternehmen nicht.

Peters und Waterman sind sich der negativen Wirkungen auf die Flexibilität der Unternehmen durchaus bewußt. Sie räumen ein, daß die starken Konventionen die Unternehmen für urplötzliche Veränderungen in ihrer Umgebung blind machen können, wischen dieses kritische Argument jedoch vom Tisch, vielleicht geblendet vom großen Erfolg der von ihnen untersuchten Unternehmen. Wie wichtig es gewesen wäre, diesem Punkt erhöhte Aufmerksamkeit zu schenken, wird im nachhinein deutlich. Eine Reihe der als exzellent charakterisierten Unternehmen hat inzwischen einen wirtschaftlichen Niedergang erlebt. Die Ergebnisse der Nachstudien von Business Week und von McKinsey lassen vermuten, daß die gescheiterten ‚exzellenten' Unternehmen sich viel zu stark auf ihre Innenkultur und ihre Identifikationsstrategien konzentriert haben und unfähig waren, sich den fundamentalen äußeren Veränderungen anzupassen.

Es würde sicher nicht schwerfallen, eine Reihe von rivalisierenden Theorien darüber aufzustellen, warum ein bestimmtes Unternehmen in eine Rezessionsphase gerät. Ohne diesen Punkt überstrapazieren zu wollen, möchte ich ganz einfach sagen, daß zukünftige Forschung der kognitiven und emotionalen Distanz als verbindendem Element unternehmenswichtiger Phänomene die Aufmerksamkeit zukommen lassen möge, die ihr ganz offensichtlich gebührt.

4. In medias res: Fallbeispiele und Feldstudien

Meine bisherigen Ausführungen zur Distanz basieren auf dem Literaturstudium und meiner persönlichen Erfahrung. Meine Hauptthese, daß *sowohl eine zu starke als auch eine zu schwache Bindung des Mitarbeiters an sein Unternehmen seiner kreativen Entfaltung abträglich ist,* wurde dabei gestützt. Die so gewonnenen Erkenntnisse müssen sich jetzt an den harten Fakten der Unternehmensrealität bewähren, wenn sie ernstgenommen werden wollen. Ich werde durch Fallstudien an weltbekannten Persönlichkeiten und durch Felduntersuchungen Antworten auf folgende Fragen geben:

1. Existiert ein Zusammenhang zwischen dem Grad der Identifikation eines Mitarbeiters mit seinem Unternehmen und der Entfaltung seines schöpferischen Potentials?
2. Wenn ja – existiert ein optimaler Identifikationsgrad (eine optimale emotionale Distanz) für die Gewinnung von Ideen? Und wie sieht sie aus?
3. Wie groß ist der Anteil der vollständig mit ihrem Unternehmen identifizierten Mitarbeiter?
4. Wie groß ist der Anteil der Unternehmen, die eine solche vollständige Identifikation wollen?
5. Identifizieren sich Frauen stärker mit ihrem Unternehmen als Männer?

Ohne Distanz keine Ideen

Immanuel Kant beschreibt den „ersten Gedanken des Kopernikus", „der, nachdem es mit der Erklärung der Himmelsbewegungen nicht gut fort wollte, wenn er annahm, das ganze Sternenheer drehe sich um den Zuschauer, versuchte, ob es nicht besser gelingen möchte, wenn er den Zuschauer sich drehen und dagegen die Sterne in Ruhe ließ" (Luthe, 1985, S. 172). Das Infragestellen des ptolemäischen Weltbildes wäre Kopernikus wohl nie in den Sinn gekommen, wenn er nicht die nötige Distanz zu den rigiden Anpassungsforderungen der kirchlichen und weltlichen Macht an das geozentrische Weltbild und seine weitreichenden Implikationen entwickelt hätte. Sein Leben hat er im wesentlichen in der unauffälligen

Zurückgezogenheit im ostpreußischen Frauenburg verbracht, wo er als Verwaltungsbeamter, Währungsexperte, Domherr und Arzt wirkte. Dies alles hätte selbst einen Menschen von großer Schaffenskraft voll und ganz ausgefüllt und ihm keine Möglichkeit gelassen, sich mit revolutionären Gedanken zu beschäftigen, die dem religiösen, geistigen und wissenschaftlichen Leben seiner Zeit eine neue Denkrichtung gegen die herrschende Meinung geben würden. Und doch „trat er [allein] gegen die ganze Welt auf, gegen Kirche und Kaiser, gegen die herrschenden Autoren in seinem Jahrhundert, Ptolemäus, Aristoteles und Gott, und gegen den blanken Augenschein und das gelenkte Vorurteil und gegen die breite Unwissenheit, vor denen er als der frechste Mensch in tausend Jahren erschien!" (Kesten, 1973, S. 8). Es war zu Zeiten des Nikolaus Kopernikus gefährlich, der Öffentlichkeit kundzutun, daß die Erde nicht stillstehe. Kopernikus war zwar ein frommer Mann, doch verwechselte er dies nicht mit unkritischer Anpassung. Was Kopernikus von den Menschen und Mächten seiner Zeit verlangte, war etwas derart Revolutionäres, wie man es sich heute kaum mehr vorstellen kann. Eine Anerkennung des Gedankens, nicht der Mittelpunkt der Welt zu sein, kann nur als ein ungeheurer Vorgang beschrieben werden; denn was ging nicht alles durch diese Anerkennung in Schall und Rauch auf: ein zweites Paradies, eine Welt der Unschuld, Dichtkunst und Frömmigkeit, das Zeugnis der Sinne, die Überzeugung eines poetisch-religiösen Glaubens; kein Wunder, daß man dies alles nicht fahrenlassen wollte, daß man sich auf alle nur erdenkliche Weise einer solchen Lehre entgegensetzte. Trotz alledem konnte Kopernikus zu dem damals herrschenden Paradigma den nötigen Abstand gewinnen, wenn er nachts auf dem Turm stand, in die Sterne schaute und ihre Bahnen verfolgte und berechnete.

Zwischen 0-Distanz und 10-Distanz

Ziel dieses Kapitels ist es, zum einen anhand der Skala der emotionalen Distanz die für die Gewinnung von Ideen optimalen Bedingungen zu identifizieren. Zum anderen soll die Existenz eines Zusammenhangs zwischen emotionaler und kognitiver Distanz begründet und graphisch dargestellt werden. Dies ist um so wichtiger, als beide Distanzen im Prozeß der Ideenfindung eng zusammenwirken und wohl untrennbar miteinander verbunden sind.

Das produktive schöpferische Denken ist für den Fortschritt von grundlegender Bedeutung, denn am Beginn allen Planens und Handelns steht die Idee.

Aber: Wird sie in der Praxis immer systematisch aktiviert und gefördert? Diese Frage kann mit einem klaren Nein beantwortet werden – und selbst dort, wo das geistige Potential der Mitarbeiter angeregt und genutzt wird, liegt vieles im argen. Und es hat fast immer mit Distanz zu tun. Die Unternehmungen versuchen in der Regel mit allen ihnen zur Verfügung stehenden Mitteln, den Mitarbeiter an den Betrieb zu binden, ihn so stark wie möglich mit dem Betrieb zu identifizieren. Der typische Lebenslauf eines Unternehmens macht deutlich, wie das Mittel der Mitarbeiteridentifikation nahezu zwangsläufig zum Einsatz kommt.

In der Phase der Unternehmensgründung – etwa als kleiner Handwerksbetrieb – hat der private Gründer noch sämtliche ‚Fäden in der Hand'. Sein hohes persönliches Engagement sowie die Verfügungsgewalt über das Kapital und die Sanktionsgewalt über die Arbeitskräfte zwingen die Mitarbeiter, den Unternehmer und seine Pläne zu akzeptieren. Sie sind voll und ganz auf die Gründerpersönlichkeit fixiert. Ein gutes Einvernehmen zwischen dem Unternehmer und seinen Mitarbeitern ist die Voraussetzung für eine effektive Zusammenarbeit. Jetzt bildet sich das Team heraus, das später als ‚alter Stamm' bezeichnet werden wird und häufig zum Gegenstand von Mythen und Legenden avanciert.

In der zweiten Phase, der Vergrößerung des Unternehmens, wird eine Neuorganisation erforderlich. Es werden beispielsweise für die Funktionen der Beschaffung, der Fertigung, des Absatzes, der Finanzierung und der Rechnungsführung eigene Abteilungen geschaffen, die selbst wieder nach Aufgabenspezialisierungen untergliedert sind. Das Management, das die Gründerpersönlichkeit abgelöst hat, versucht, mit dem Größerwerden der Unternehmensorganisation und ihrer komplexen Struktur das Verhalten der Mitarbeiter zu standardisieren – es soll im Hinblick auf die Zielerreichung verläßlich werden. Die Organisationsstruktur sorgt für die Kontinuität der Zweckerfüllung; nicht mehr die Willkür der Vorgesetzten, sondern Arbeits- und Geschäftsordnungen regeln Rechte und Pflichten der Mitarbeiter.

Diese Unterwerfung unter vorgegebene Standards ruft bei den Mitarbeitern Widerstand hervor, da sie spüren, daß ihr Handlungsspielraum Schritt für Schritt eingeengt wird, daß sie immer weniger Kontrolle haben. Die Einführung motivierender Führungsstrategien „zur psychosozialen Anpassung der Beschäftigten kündigt eine *dritte* Phase der Unternehmensentwicklung an" (Littek u. a., 1982, S. 59). Die Unpersönlichkeit der formellen Ordnung hatte auf Seiten der Beschäftigten zur gleichsam mechanischen Pflichterfüllung und zur Vermeidung innovativen, problemlösenden Verhaltens geführt. Dies jedoch ist nach Auffassung von Unternehmerseite eine ungünstige Entwicklung, die nur dadurch gebremst und umgekehrt werden kann, daß die subjektiven Ziele und Erwartungen der Mitarbeiter in Übereinstimmung gebracht werden mit denen des Unternehmers. Da die Ziele der beiden sich aber in einer Reihe von Fällen konträr zueinander verhalten, läßt sich das Kernproblem in die Frage kleiden, wie erreicht werden kann, daß auch der letzte Mitarbeiter auf einige seiner Erwartungen verzichtet. Das wirksamste Mittel ist hier die Einschaltung der Identifikationspolitik, die den Mitarbeiter emotional so stark wie möglich an das Unternehmen binden soll. Dabei wird jedoch leider häufig die Frage ignoriert, ob durch diese Anbindung die Ideen-‚Produktion' der Mitarbeiter erschwert oder sogar unmöglich gemacht werden kann. Denn wenn eine Verbindung zwischen emotionaler und kognitiver Distanz existiert und die kognitive Distanz für die Ideenfindung benötigt wird, beeinflußt die emotionale Distanz zu einem Objekt auch die darauf gerichtete Ideensuche. Der Zusammenhang zwischen affektiven und kognitiven Prozessen ist ein altes Problem und wurde beispielsweise von Janusz Reykowski (1973) systematisch untersucht. Geistige Prozesse können in unterschiedlich starker Weise emotionalen Einflüssen unterliegen. Besonders deutlich ist dieser Einfluß auf die Phantasie. Auch weisen experimentelle Untersuchungen darauf hin, daß Emotionen selektiv auf den Lernprozeß wirken.

So wie in Abbildung 12 dargestellt, erwarte ich den Zusammenhang zwischen emotionaler und kognitiver Distanz.

Zwei Beispiele:
(1) Wer gelassen ist, hat den nötigen Durchblick (4, 5, 6).
(2) Wer wütend ist, kann keinen klaren Gedanken fassen (0).

Es mag zuweilen vernünftig sein zu fordern: ‚Laß Deine Gefühle nicht Dein Denken beeinflussen!', faktisch jedoch sind Denkprozesse und emotionale Prozesse untrennbar ineinander verwoben.

Die Ausprägungen der beiden Distanzen und ihren funktionalen Zusammenhang werde ich an Beispielen darstellen.

Ohne Distanz keine Ideen 85

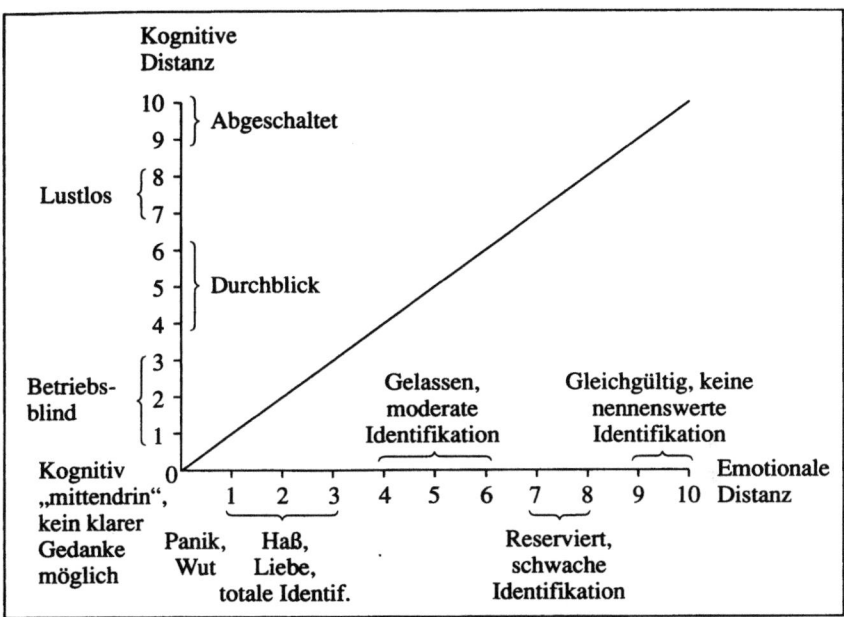

Abbildung 12: Vermutete Beziehung zwischen emotionaler und kognitiver Distanz

0-Bereich:
Auf der Skala der *emotionalen Distanz* finden wir die Attribute:
– sehr hohe emotionale Intensität (Wut, Panik),
– Identifikation im Sinne von Eins-Sein.
Auf der Skala der *kognitiven Distanz* finden wir im 0-Bereich die Merkmalsausprägungen:
– kognitiv ‚mittendrin‘,
– keinen klaren Gedanken fassen können.

Der Zustand der Panik ist das wohl überzeugendste Beispiel für die beeinträchtigende Rolle, die Gefühle im Handlungszusammenhang spielen können. In Panik geraten, das heißt, durch grundlose Angst, Verwirrung und Entsetzen plötzlich unüberlegt handeln und schwerwiegende Fehler begehen. Kopflos fliehen gehört ebenso zu den Erfahrungen, daß Emotionen die Orientierung und das Handeln in unserer Umwelt beeinträchtigen können. Blinde Wut und tödlichen Schrecken kennen wir ebenso wie lähmende Angst als stehende Redewendungen, in denen unsere Erfahrungen mit starken Emotionen zum Ausdruck kommen. Das handelnde Subjekt, also der Mensch, hat bei extrem starkem emotionalem Engagement überhaupt keine

Distanz zu der Situation, um es ganz allgemein zu formulieren. Ebenso verhält es sich auf kognitivem Sektor. Auch in den Bereichen des Aufmerkens, des Lernens, des Speicherns, des Erinnerns, des Abstrahierens und des Problemlösens gelingt es nicht, eine klare Linie in die Dinge zu bringen. Kurz formuliert: Es gelingt nicht, Überblick zu finden und zu behalten und einen klaren Gedanken zu fassen. Dieser Zustand hat temporären Charakter. Die zeitliche Begrenzung auf weniger als einen Tag hat mich veranlaßt, die Phänomene wie Liebe und Haß nicht dem 0-Bereich, sondern auf der Skala der emotionalen Distanz dem Bereich 1, 2, 3 zuzuordnen. Im übrigen existiert auch in der Liebe eine Distanz, und mag sie auch noch so klein sein: „Deshalb sind Liebende gleichzeitig sowohl glücklich als auch melancholisch, weil sie einerseits das Gefühl der Liebe beschwingt, ihnen andererseits aber gleichzeitig die Distanz zum anderen bewußt wird" (Lauster, 1987, S. 173).

1, 2, 3-Bereich:

Auf der Skala der *emotionalen Distanz* finden wir im Bereich der Werte 1, 2, 3 Merkmalsausprägungen wie:
- hohe emotionale Intensität, die über längere Zeit aufrechterhalten werden kann (Haß, Liebe),
- sehr starke bis totale Identifikation mit einem Objekt, z. B. einem Unternehmen.

Im *kognitiven Bereich* finden wir als Zuordnung:
- den Wald vor lauter Bäumen nicht sehen,
- betriebsblind.

Während die Phänomene der 0-Distanz im betrieblichen Alltagsgeschehen wohl Ausnahmefälle bilden, kommen wir jetzt in einen Bereich, der für unser Thema wesentlich relevanter ist. Hier kann meine eigentliche Zielgruppe angesiedelt werden, nämlich *die Mitarbeiter*, welche mit ‚ihrem' Unternehmen sehr stark, ja sogar vollständig identifziert (worden) sind. Dieser Grad der Identifikation verhindert kritische Sympathie und heilsame Unruhe, wie sie für die Ideenfindung und -realisierung so außerordentlich wichtig sind. Der extrem stark gebundene Mitarbeiter, der nur das wahrnimmt und das denkt, was dem Bild von ‚seinem' Unternehmen keinen Kratzer zufügt, hat kaum Ideen, was man im Betrieb verbessern könnte. Er kommt gar nicht erst auf den Gedanken, daß eine kritische Distanz zu der geliebten Firma etwas sehr Positives sein kann. Für ihn ist Veränderung dort per se etwas Negatives. In puncto Veränderung, Ideen und Kreativität – alles auf ‚sein' Unternehmen bezogen – ist sein Denken nahezu ausgeschaltet. Diesen 1,2,3-Typ will ich den *Betriebsblinden* nennen.

7, 8-Bereich:

Das Gegenstück zur *emotionalen Distanz* im 1, 2, 3-Bereich ist die im 7, 8-Bereich: Das Individuum identifiziert sich nur wenig mit dem Unternehmen. Die Beziehung kann als *unterkühlt* bezeichnet werden, von Freude an der Arbeit kann kaum noch eine Rede sein. Der Mitarbeiter fühlt sich von dem Gegenstand, auf den sich die kognitiven Prozesse richten sollen, emotional nicht sonderlich angesprochen. „Das interessiert mich wenig" oder „Das tangiert mich kaum" sind typische Aussagen. Es herrscht mangelndes Interesse an den betrieblichen Geschehnissen. Der Mitarbeiter, in der Vergangenheit vielleicht bei Beförderungen übergangen oder enttäuscht durch nicht eingehaltene Versprechungen der Führungskräfte, ist fast nur noch an seinem eigenen Wohlergehen interessiert und darauf bedacht, eine freizeitorientierte Schonhaltung einzunehmen. Ideen und Kreativität benötigt er für seine Hobbys, mit denen er sich identifizieren kann. Dieser Mitarbeiter hat eine solche Distanz zu dem Unternehmen, daß ihn kaum etwas berühren kann, was den Betrieb angeht, so daß er *(kognitiv)* nur das Notwendigste tut (Dienst nach Vorschrift). Er hat sich in sein betriebliches Schicksal ergeben, wartet jedoch noch auf ein Wunder. Haß hegt er nicht gegen sein Unternehmen insgesamt oder gegen einzelne Personen; denn würde er solche Emotionen haben, dann wäre er auf der Skala der emotionalen Distanz woanders einzuordnen, wie wir bereits wissen. Letztlich führt es jedoch zum gleichen Ergebnis. Ob jemand blind ist für betriebliche Veränderungen oder ihnen reserviert gegenübersteht: in beiden Fällen fehlt der Impetus, etwas zu bewegen. Diesen Typ nenne ich: *Freizeitmaximierer*.

9, 10-Bereich:

Wenn wir auf den letzten Abschnitt der Skala der *emotionalen Distanz* schauen, dann finden wir dort Merkmalsausprägungen, die neben dem 0-Bereich das andere Extrem des emotionalen Status eines Individuums widerspiegeln. *Gleichgültigkeit* und *Nicht-davon-berührt-Sein* sind typische Charakteristika. Bei einem Mitarbeiter mit dieser emotionalen Beziehung zu seinem Unternehmen muß man nicht lange raten, ob er seine *kognitive* Kraft der Firma zur Verfügung stellt. Er hat innerlich gekündigt und ist mental ins Außerdienstliche emigriert. Dementsprechend will ich diesen Typ *Emigrant* nennen. Zur Unterscheidung zum Typ des Freizeitmaximierers wartet der Emigrant nicht mehr auf ein Wunder, sondern hat vollends resigniert. Es ist kaum vorstellbar, daß eine Person, die keine nennenswerte Identifikation mit dem Unternehmen verbindet, dort überhaupt tätig sein kann.

Ein Mitarbeiter solchen Typs dürfte ähnlich selten anzutreffen sein wie ein Mitarbeiter, der nicht die geringste Distanz zu seinem Unternehmen besitzt. Auf Dauer ist keine Arbeitsgruppe in der Lage, unter Leistungsgesichtspunkten vollständig demotivierte Mitglieder zu stützen und ‚durchzuziehen'.

Mit den Merkmalsausprägungen ‚keine nennenswerte Identifikation', ‚gleichgültiges Verhalten', ‚keine zusätzlichen Anstrengungen machen – schon gar nicht freiwillig', u. ä. verbindet man unwillkürlich ehemals sozialistische Arbeitskollektive. Dort waren Vertreter des 9, 10-Bereichs zahlreich anzutreffen. Nur lassen sie sich dort bei der immer noch herrschenden Tonnenideologie besser mittragen als hier im Westen, wo Input/Output-Relationen wesentlich größere Bedeutung genießen.

Wenn die Distanz stimmt, sprüht der Geist

Mittlere Ausprägungsgrade von Emotionen sind für die erfolgreiche Auseinandersetzung mit der Umwelt besonders günstig. Nach Wolfram Lüders fordert „die kreative Leistung die größtmögliche Unabhängigkeit ... von Wahrnehmungs- und Denkgewohnheiten", sie wird „durch das *Sich-Anklammern an die gegenwärtig bestehende Ding- und Symbolwelt,* die die Mentalität der Vergangenheit repräsentiert, am stärksten belastet. Der neue, im Verhältnis zu historischen Vorgängen auch immer freizügigere Umgang mit der ‚Welt' wird durch die Nähe und durch das, was bisher geschaffen und gedacht wurde, erschwert ... Wirken symbiotische Bedürfnisse mit Sachzwängen zusammen, dann werden kreative Handlungen unmöglich" (1975, S. 1074). Damit gilt, und das hat Lüders deutlich gemacht: Man muß dem schöpferisch Tätigen auch den nötigen Freiraum schaffen und darf ihn nicht durch starre Erwartungen und Konformitätszwänge ‚auf die Schiene bringen'. Beliebter Ausspruch – angewandt auf neue Mitarbeiter, die tatendurstig und voller Ideen sind: ‚Der/die wird auch noch ruhiger werden, laßt ihn/sie erst mal eine Zeit hier sein!'

Auf unser Thema bezogen bedeutet dies, daß der 4, 5, 6-Typ die besten Voraussetzungen als Ideenträger und Innovateur mitbringt. Er hat sowohl emotional als auch kognitiv die optimale Distanz zum Unternehmen und kann seine Kreativität zur höchsten Entfaltung bringen.

Wie sieht der 4, 5, 6-Typ nun aus, das heißt: Wie ist er emotional und kognitiv strukturiert? Er bewahrt die Ruhe und bleibt besonnen, bevorzugt den sogenannten *goldenen Mittelweg* und läßt sich nicht von der allgemeinen Aufregung mitreißen. Er gerät bei vermeintlicher oder wirklicher Gefahr nicht in Panik, sondern ist die Ruhe selbst: Er hat sich stets in der Gewalt, zeigt bewundernswerte Gelassenheit gegenüber einem Identifikationsobjekt und ist stets in der Lage, seine Handlungen zu kontrollieren. Gelassenheit ist gut charakterisiert durch: sich selbst vertrauend, nicht leicht aufzuregen, unbeirrbar, belastbar, ausdauernd, unerschütterlich, gut gelaunt, optimistisch, aggressiven Auseinandersetzungen abgeneigt, Vorliebe für schnelles Handeln und Zupacken. Gelassenheit ist jedoch kein Zustand, der auf Dauer beibehalten wird, wenn er einmal erworben wurde. Sie ist im Gegenteil eine wandelbare Einstellung, die immer wieder gefestigt werden muß, bis ein „Vollzugszwang im normalen Seelenleben" eintritt (Schultz, 1970, S. 105).

Eine relativ objektive Beziehung kennzeichnet die Haltung dieses Menschen, der zwar nicht gleichgültig oder stumpf ist, sich dennoch nicht leicht beeindrucken läßt und nichts über Gebühr wichtig nimmt. Es treten durchaus auch expressive Reaktionen auf, doch bleibt alles auf einer mittleren emotionalen Intensitätsebene. Sein Verhältnis zum Unternehmen kann als *moderat identifiziert* beschrieben werden. Dieser Mitarbeiter läßt sich nicht total vereinnahmen, mit ‚Haut und Haaren schlucken' und vor jeden Karren spannen, sondern bewahrt die Distanz, die er benötigt, um den Überblick nicht zu verlieren und sachliche Kritik anzubringen. Ebenso wie er sachlich kritisiert im konstruktiven Sinne, so akzeptiert er auch Kritik. Er bleibt cool, auch wenn die an ihm geübte Beanstandung zu heftig ausfällt und ist oft in der Lage, durch seine Ruhe positiv auf das emotionale Klima zu wirken. Er kann jederzeit klare Gedanken fassen und ist überlegen, weil er überlegen kann und die Gedanken nicht durch eine zu kurze Distanz blockiert bzw. durch eine zu große Distanz nicht verfügbar sind.

Nicht zu verwechseln sind die positiven Eigenschaften mit ähnlich klingenden Attributen wie ‚die Ruhe weg haben' oder ‚nur seine Ruhe haben wollen'. Hierbei wird eine gewisse Gleichmut, Trägheit oder gar Stumpfsinn angesprochen; denn wer nur seine Ruhe haben will, hat lediglich die Absicht, sich außer um sein eigenes Wohlergehen um nichts zu kümmern. Ich will den 4, 5, 6-Typ den *produktiven Querdenker* nennen, der die Kleinkunst des konstruktiven Ungehorsams beherrscht.

Bietet die Mitarbeit des 4, 5, 6-Typs nun Gewähr dafür, daß seine Ideen nur so sprudeln? Nein, sicherlich nicht. Das gesamte Umfeld muß stimmen. Zum einen muß das Unternehmen diesen Typus des Mitarbeiters als wertvoll akzeptieren. Dabei pflegt gerade der Mittelweg, den dieser Mitarbeiter bevorzugt, kein bequemer Weg zu sein, weil dieser stets neue konkrete Entscheidungen bis ins Kleinste hinein verlangt und deshalb fortwährend Enttäuschungen mit sich bringt. Zum weiteren muß beim Unternehmen die Bereitschaft bestehen, die Ideen aufzunehmen, zu würdigen und zu realisieren. Gemeinhin wird der vollständig mit dem Unternehmen Identifizierte als der wertvollste Mitarbeiter angesehen. Man erwartet nicht nur starkes emotionales Engagement, sondern den vollen persönlichen Einsatz für das Unternehmen und für die Sache, will man reüssieren. Die protestantische Arbeits- und Opfermentalität wirkt offensichtlich so stark, daß die negativen Aspekte des totalen Aufgehens in Arbeit und Betrieb einfach nicht in gebührendem Maße zur Kenntnis genommen werden. Damit sind wir an einem wunden Punkt in vielen Unternehmen angelangt. Zwar wird immer wieder betont, daß die Ideen *aller* wichtig seien, ja sogar für das Unternehmen eine überlebenswichtige Funktion besäßen und alle Mitarbeiter gebraucht würden, doch sieht die Praxis in der Regel ganz anders aus. Peters und Waterman beispielsweise lassen einen erfolgreichen amerikanischen Unternehmer sprechen: „Fast jeder Manager wird zustimmen, daß Menschen das wichtigste Kapital sind. Aber fast keiner handelt danach" (1986, S. 287). Auch in der Bundesrepublik ist es für einen kreativen Mitarbeiter nicht leicht, sich Gehör zu verschaffen. Er muß bedenken, daß gute Ideen die Kritiker anziehen wie der Honig die Wespen. Reibereien und persönliche Konflikte ersticken häufig jede konstruktive und kreative Atmosphäre. Waldemar Kupfer von der ‚Arbeitsgemeinschaft Aktive Betriebsberatung' in Gerretsried klagt: „Ich war 25 Jahre Personalleiter in verschiedenen Unternehmen und habe die Erfahrung gemacht, daß erschreckend viele Führungskräfte, verstärkt auch in Großunternehmen, nicht in der Lage sind, das Wissen ihrer Mitarbeiter zu nutzen" (Weber, 1986, S. 14). „Da wird", fügt er ärgerlich hinzu, „so viel Potential weggeschmissen, das gibt es gar nicht".

Abbildung 13, in die ich die Distanz-Typen namentlich aufgenommen habe, ist nur ein Modell. Der Prozeß der Kreativität „entzieht sich weitgehend einer Bewältigung durch ausschließlich rationale und logische Methoden;

Ohne Distanz keine Ideen 91

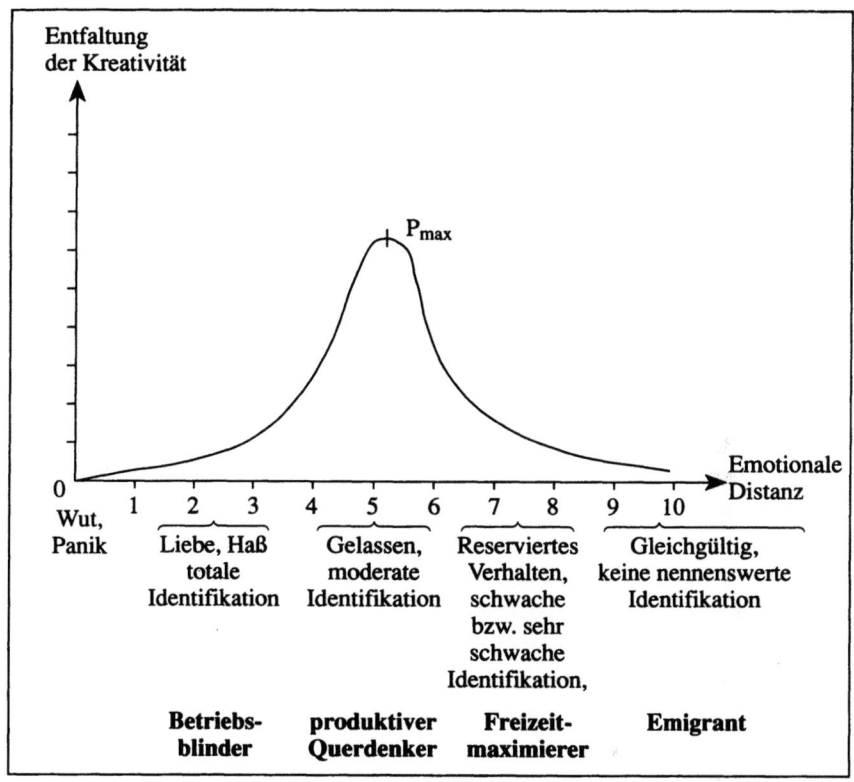

Abbildung 13: Vermutete Beziehung zwischen der emotionalen Distanz und der Entfaltung der Kreativität.

die den Erfindungsprozeß kennzeichnende Problematik ist nicht ‚wohlstrukturiert'" (Schlicksupp, 1977, S. 15). Ich bin überzeugt, daß eine Folge kreativer Vorgänge mit einer einzigen Kategorie nicht erschöpfend erfaßt werden kann. Dem habe ich versucht, mit meinem Modell Rechnung zu tragen.

Die produktiven Querdenker sind nicht die einzigen Ideenproduzenten. Auch Mitarbeiter, die zu Wutausbrüchen und unüberlegtem Tun neigen und die Tendenz zu einer starken Bindung aufweisen (Betriebsblinde: 1, 2, 3-Typen), können ebenso wie diejenigen, die reserviert und sehr zurückhaltend sind (Freizeitmaximierer: 7, 8-Typen), vortreffliche Ideen haben. Bismarck, ein typischer Vertreter der 1, 2, 3-Kategorie, der bis zur Besinnungslosigkeit erregbar war und in seinen Wutausbrüchen jede Selbstkontrolle verlor, hatte viele Ideen, aber er mußte sie zusammenhalten wie das Quecksilber aus einem zerbrochenen Barometer und scharf nachdenken, bevor er eine Schlußfolgerung zu Papier brachte[4]. Der in seinem Groll und seiner Rache, aber auch in seiner Liebe überlebensgroße Politiker hatte wie jeder andere auch ausreichend Momente, in denen er unbeeinträchtigt von seiner Neigung, sich von seinen Gefühlen hinreißen zu lassen, scharf nachdachte und manches diplomatische Meisterstück ablieferte. Sein Problem bestand allerdings darin, daß er von seinem Grundtemperament her nicht besonnen und moderat disponiert war, sondern von einer Idee zur anderen ‚sprang', ehe sie noch zu Ende gedacht war.

Auf eine andere Art schwer hat es der Vertreter des 7, 8-Typs. Die Ideen versickern in seinem Kopfe, ehe sie zur Reife artikuliert und weitergegeben werden. Jahre später wird er vielleicht sagen: „Wenn es damals nach mir gegangen wäre, dann hätten wir anders entschieden". Es kommt also nicht nur darauf an, Ideen zu haben, sondern sie auch zu konkretisieren, zu formulieren und zu publizieren. Und dabei hat der *produktive Querdenker* (4, 5, 6-Typ) Vorteile gegenüber den anderen. Mit der nötigen Gelassenheit, ohne gleich Feuer und Flamme für seine Idee zu sein, geht er erst einmal gedanklich auf Distanz und betrachtet das Produkt seiner Überlegungen von allen Seiten. Die Vorzüge, jedoch auch die Schwachstellen werden formuliert und erst dann mit Betroffenen diskutiert.

Wenn man dieses Vorgehen mit dem des emotional sehr stark engagierten Mitarbeiters vergleicht, dann zeigt sich hier noch ein weiterer Unterschied. Der 1, 2, 3-Typ muß sich sehr schnell ‚Luft machen', er wird also in einem sehr frühen Reifestadium seiner Idee den Kontakt zu vermeintlich kompetenten Gesprächspartnern suchen. Das leider häufig auftretende Ergebnis ist dann, daß er nach den erfolgten Konsultationen aufgrund eines fehlenden eigenen gefestigten Konzepts oftmals verunsichert ist und seine eigene geistige Leistung in nicht wenigen Fällen nur bruchstückhaft oder gar nicht wiederfinden kann. Aufgrund mangelnder Geduld ist er oft schnell bereit, zur nächsten Idee überzugehen. In der internen Beurteilung eines solchen Mitarbeiters finden wir dann die Bemerkung, daß er ein wertvoller Mitarbeiter war, der vieles angerissen, jedoch nichts ganz bis zu Ende gedacht und ausgeführt hat.

---

4 Immanuel Kant steuert eine treffende Bemerkung bei: „Es ist traurig, wenn die oberste Kraft der Seele, der ‚große Herr', der Verstand, hinter dem Pöbel der Leidenschaften einhergeht".

Mit dem Wissen allein, daß es den Typus des ideenreichen Mitarbeiters gibt, ist dem Unternehmer noch nicht gedient. Er muß ihn ausfindig machen, fördern und zielgerecht einsetzen können. Diese Aspekte werden jedoch nicht an dieser Stelle behandelt; ihrer Bearbeitung sind die letzten drei Kapitel gewidmet. Einen Aspekt sollten wir hier jedoch noch aufgreifen, nämlich die Frage, *wie* und *wo* die Mitarbeiter zu ihren Ideen kommen.

Der göttliche Funke

Horst Geschka, Unternehmensberater aus Darmstadt, befragte Mitte der 80er Jahre 228 Führungskräfte, darunter 2 (!) Frauen zu diesem Thema (O. V., 1985, S. 68). Die Ergebnisse dieser Befragung sollen jetzt auf ihren Distanzbezug ‚abgeklopft' werden. Dazu greife ich die drei aus dem zehn Fragen umfassenden Katalog heraus, die sich direkt auf die Ideenfindung beziehen:

Frage: *Wo kommen Ihnen am häufigsten Ideen?*
    Rangplatz 1[5]   in Verkehrsmitteln
    Rangplatz 3   beim Spazierengehen
    Rangplatz 4   im Bett
    Rangplatz 7   an einem anderen Ort (nicht am Schreibtisch)
    Rangplatz 8   im Badezimmer
    Rangplatz 9   an anderen Orten zu Hause
    Rangplatz 11   beim Sitzen im Freien
    Rangplatz 12   im Lokal
    Rangplatz 13   auf der Toilette
    Rangplatz 14   in einer öffentlichen Bibliothek oder Lesesaal

Frage: *Mit wem sprechen Sie gezielt, um Anregungen für Ideen zu erhalten?*
    Rangplatz 1   externe Fachleute
    Rangplatz 5   Ehefrau/Ehemann
    Rangplatz 6   gleichaltrige Bekannte
    Rangplatz 8   andere
    Rangplatz 9   ältere Bekannte
    Rangplatz 10   junge Leute und Kinder
    Rangplatz 11   Verwandte

---

[5] Rangplatz 1: am häufigsten genannt.
  Rangplatz 2: am zweithäufigsten genannt usw.

94 Fallbeispiele und Feldstudien

Frage: *Was tun Sie, wenn Ihnen partout nichts einfällt?*

Rangplatz 1	ich spreche mit jemandem
Rangplatz 3	ich denke an etwas anderes
Rangplatz 4	ich tue etwas ganz anderes
Rangplatz 5	ich höre Musik
Rangplatz 6	ich treibe Sport
Rangplatz 8	ich ruhe mich aus
Rangplatz 9	ich lese Bücher, die mit dem Problem nichts zu tun haben
Rangplatz 10	ich räume auf und mache sauber
Rangplatz 11	ich sehe fern oder höre Radio
Rangplatz 12	ich gehe schlafen
Rangplatz 13	ich trinke Bier
Rangplatz 14	ich trinke Kaffee oder Tee
Rangplatz 15	ich rauche
Rangplatz 16	ich gehe aus
Rangplatz 17	ich fahre mit dem Auto
Rangplatz 18	ich erledige Hausarbeit

Die Bewertung der Rangplätze erfolgt in der Weise, daß dem jeweils letzten Rangplatz ein Rangplatzpunkt, dem vorletzten Rangplatz zwei Rangplatzpunkte ... zugeordnet werden. Die Antworten habe ich getrennt nach ‚hat Bezug zur eigenen Arbeit/Arbeitsstätte ...' und ‚hat keinen Bezug ...'.

Danach entfallen von den insgesamt 120[6] Rangplatzpunkten der Frage ‚*Wo kommen Ihnen am häufigsten Ideen?*' 78 Punkte (= 65 %) auf Orte, die mit der eigenen Arbeit bzw. Arbeitsstätte *nicht* im Zusammenhang stehen. Beispiele: ‚in Verkehrsmitteln' auf Rangplatz 1, ‚im Bett' auf Rangplatz 4, ‚im Badezimmer' auf Rangplatz 8 ...

Bei der Frage ‚*Mit wem sprechen Sie gezielt, um Anregungen für Ideen zu erhalten?*' entfallen von den insgesamt 78 Rangplätzen 42 (= 54 %) auf Rangplätze, deren zugehörige Antworten keinen Bezug zur eigenen Arbeit/Arbeitsstätte haben. Beispiel: ‚externe Fachleute' auf Rangplatz 1, ‚Ehemann/Ehefrau' auf Rangplatz 5 und ‚Kinder' auf Rangplatz 11.

Und bei der Frage ‚*Was tun Sie, wenn Ihnen partout nichts einfällt?*' entfallen von den 171 Rangplätzen auf ‚distanz'-bezogene Antworten 142 Rangplätze (= 83 %). Beispiele: ‚ich denke an etwas anderes' auf Rangplatz

---

6 Summe der Zahlen von 1 bis 15: $15/2 \times (1 + 15) = 120$.

3, ‚ich tue etwas ganz anderes' auf Rangplatz 4 oder ‚ich lese Bücher, die mit dem Problem nichts zu tun haben' auf Rangplatz 9.

Salvador Dali beispielsweise wäre von den Ergebnissen nicht überrascht. Er war sich sicher, daß die genialen Einfälle nicht an Orte wie den Parthenon, die Venus von Milo, die Bucht von Neapel oder die Niagarafälle gebunden sind, sondern daß sie auch an „unbedeutenden Orten hervorsprühen, auf einem Boulevard, in der Straßenbahn, im Badezimmer" (Fabian, 1974, S. 45). Die Ideen und Erfindungen, die Lösungen schwieriger Probleme und die plötzlichen Einsichten kommen meist dann zum Durchbruch, wenn wir sie am wenigsten erwarten: in einem Zustand der Entspannung und Absichtslosigkeit.

Obwohl bekannt ist, daß die systematische Lösung von Innovationsproblemen in der Regel nicht (vollständig) möglich ist, gibt es jedoch viele Hinweise darauf, daß kreative Denkprozesse häufig durch den Phasenablauf

– intensive Beschäftigung mit dem Problem,
– *Entfernung* vom Problem (Distanzierungsphase),
– spontanes Bewußtwerden einer Lösungsidee

gekennzeichnet sind.

Benjamin Franklin ging spazieren und sah Kindern beim Spielen zu, bevor ihm die Idee zum Blitzableiter kam, und Pythagoras betrat auf der Suche nach der Harmonie der Sphären eine Schmiede. Von sekundärer Bedeutung ist das ‚Wie', primär wichtig für die meisten ist, *daß* überhaupt Distanz gewonnen werden kann. Der Denkprozeß gestaltet sich nur dann produktiv, wenn es gelingt, das Terrain des gesetzestreuen Denkens zu verlassen, wenn der Kreative ‚wegdenkt' oder ‚wegläuft', bereits Bekanntes vergißt und sich vorübergehend von der Tyrannis der Begriffe, Axiome und Vorurteile ebenso befreit wie von der Tyrannei des Problems.

Jeder Fall ein Fall für sich

Menschen, die gute Ideen hatten, berühmte Forscher, Entdecker und Künstler haben uns anschauliche Einblicke in die entsprechenden Problemlösungsprozesse gegeben. Biographische Berichte über den ‚göttlichen Funken' im Prozeß der Kreativität gibt es viele. Die Theoretiker der

Kreativitätsforschung haben sie als hübsche und ehrwürdige Erklärungen für das unerklärbar Geniale genommen, zu biographischen Reliquen verklärt und somit dem forscherischen Ansatz entzogen. Denn die aufklärerischen Geister vermuteten, daß sich hinter solchen Anekdoten nur dekorative Geheimnistuerei verbirgt. In der Tat ist es für uns in der Regel nicht exakt nachvollziehbar, wie die Betreffenden auf ihre Ideen, Einsichten und Entdeckungen gestoßen sind. Das gilt selbst dann, wenn einzelne von ihnen, zum Beispiel August von Kekulé, deutscher Chemiker (1829–1896) und Henri Poincaré, französischer Mathematiker (1854–1912) uns ihr Vorgehen und ihre Momente der Lösungsfindung mitteilen. Doch kann man den Biographien sehr wohl entnehmen, welche Rolle der Distanzfaktor allgemein in ihrem Leben und speziell bei der Ideenfindung gespielt hat.

Für das nun folgende Kapitel habe ich bekannte und berühmte Persönlichkeiten ausgewählt: Ich habe mich bewußt nicht auf Persönlichkeiten aus dem Wirtschaftsleben beschränkt. Zwar bilden sie die mit Abstand größte Gruppe, doch sind daneben auch verschiedene andere Berufe vertreten. Hinter der Vielfalt der Berufe steht die primäre Absicht, ein breites Spektrum schöpferisch-kreativer Branchen abzudecken.

Da eine einzige Kategorie eine schöpferische Persönlichkeit nie voll erfassen kann, habe ich sie im Zusammenhang mit gesellschaftlichen Ereignissen, familiären Konstellationen, der Geistesgeschichte und der berufsrelevanten Entwicklung gesehen. In diesem Feld habe ich dann Distanzelementen nachgespürt und versucht, ihren potentiellen Einfluß auf die individuelle kreative Leistung herauszufiltern. Man braucht nicht sämtliche Ansichten und Interpretationen zu akzeptieren, aber man sollte sich klarmachen, daß sich jeder schöpferische Akt am Schnittpunkt einer Vielfalt von Kräften und Ereignissen abspielt – von denen die biographischen, historischen, geistigen und künstlerischen nur die bedeutendsten sind.

Folgende fünf Persönlichkeiten werde ich im Hinblick auf distanzbezogenes Verhalten exemplarisch darstellen:

– Akio Morita (Sony-Chef),
– Lee Iacocca (Chrysler-Chef),
– Ray Kroc (ehemaliger Chef von McDonald's),
– Coco Chanel (ehemalige Chefin des Hauses Chanel) und
– Anita Roddick (The Body Shop).

Mein besonderes Interesse gilt der Frage, ob und wie es diesen Personen gelingt, ihre eigene und die Kreativität ihrer Mitarbeiter zu aktivieren.

Wirtschafts-VIPs und ihr Distanzverhalten

Beginnen will ich mit *Akio Morita* (geb. 1921), dem Gründer des Unternehmens, das heute als The Sony Corporation weltbekannt ist. Angefangen hat Moritas Karriere mit einem für japanische Verhältnisse ganz außerordentlichen Traditionsbruch: Er hat nicht nur darauf verzichtet, den elterlichen Betrieb zu übernehmen, wie es seine Pflicht gewesen wäre, sondern er hat darüber hinaus ein eigenes Unternehmen in einer ganz anderen Branche gegründet.

Morita genießt hohes Ansehen sowohl in der östlichen als auch in der westlichen Welt und ist der bekannteste japanische Wirtschaftskapitän überhaupt. An der Entwicklung und Vermarktung vieler Produkte seines Hauses hat er sich persönlich beteiligt, so beispielsweise am Transistorradio und auch am Walkman. Seine Personalpolitik ist darauf gerichtet, kreative Mitarbeiter einzustellen und sie zu einer verschworenen Gemeinschaft zusammenzuschweißen. Morita dazu: „Jedenfalls glaube ich, mehr kreative als mittelmäßige Mitarbeiter eingestellt zu haben. Sie waren nicht immer meiner Ansicht, aber an diesem Widerspruchsgeist war mir ja gerade gelegen" (1988, S. 266 f.).

Für hohe Effizienz ist nach Morita ein enges, herzliches Verhältnis zu den Mitarbeitern unabdingbar. Damit unterscheidet er sich nicht von vielen anderen japanischen Unternehmern, und die Versuchung liegt nahe, aus der Bindung an das Unternehmen, die enger ist als die an die Familien und das Privatleben, zu folgern, daß die Kreativität der Beschäftigten darunter leidet. Dem ist jedoch offensichtlich nicht so. Der Sony-Gründer berichtet, daß der Ausschaltung der Individualität und Intuition aktiv und erfolgreich gegengesteuert werde. Sony gehört zu den Unternehmen, die sich „für alles andere als traditionsverpflichtet" halten. Die Prinzipien des Klammerns am Gewordenen und Gewachsenen sind dort zwar nicht unbekannt, werden aber bewußt nicht gepflegt. Man sagt: Je konträrer ein Gedanke, desto besser – er könnte zu einem gelungeneren Produkt bzw. effizienteren Verfahren führen. Eigenbrötler und Tüftler haben bei Sony stets eine Chance, gehört zu werden. In offener Diskussion wird über Ideen beraten – eine Methode, die nach Moritas Meinung mit zu den Gründen für das bemerkenswert schnelle Wachstum seines Unternehmens gehört. Er fährt fort: „Zu keiner Zeit haben wir Vorschläge und andere Ansichten zu unterdrücken versucht". Ganz im Gegenteil. Morita ruft seine Mitarbeiter sogar zum Ungehorsam gegenüber ihren Vorgesetzten auf. Er rät seinen Mitarbeitern, nicht allzuviel auf die

Worte ihrer Vorgesetzten zu geben. „Warten Sie nicht erst auf Anweisungen, machen Sie so weiter, wie Sie es für richtig halten", pflegt er zu sagen. Bei Führungskräften wirbt Morita um Verständnis für diese Einstellung, ohne die man nach seiner Auffassung den Fähigkeiten und kreativen Kräften der Untergebenen wohl kaum zum Durchbruch verhelfen kann.

Bei aller Förderung der Kreativität und Individualität kommt es im Hause Sony dennoch vor, daß naheliegende Lösungen nicht gefunden bzw. Mißerfolge produziert werden. Beim Walkman beispielsweise hat sich das Entwicklungsteam derart auf die Stereo- und Aufnahmefunktion des Gerätes konzentriert, daß es sie blind machte für die zum Greifen nahe liegende Lösung in Form eines Kopfhörers. Erst der mit der nötigen Distanz des nicht mehr Aktiven ausgerüstete Ehrenvorsitzende Ibuka kam bei einem Besuch im Werk auf die Idee, das unvollendete Kassettengerät mit leichten Kopfhörern auszurüsten. Der Walkman wäre wohl eine Fußnote in der Musikgeschichte geblieben, wenn nicht Masaru Ibuka diese Verbindung hergestellt hätte. Ibukas Gedanke war in der Welt der Tonbandgeräte reine Ketzerei. Es spricht für Akio Morita, mit der Tradition gebrochen zu haben, daß Kopfhörer Tonbandgeräten lediglich einen zusätzlichen Nutzen verleihen.

Als offener, kommunikativer und provokativer Mensch ist Morita die Ausnahme unter Japans Unternehmensführern. Er macht kühne Vorhersagen, setzt sich öffentlichkeitswirksam in Szene und stellt die konventionellen Ideen seiner Branche in Frage. Ihm liegt unendlich viel daran, immer wieder dafür zu sorgen, daß Sony als erstes Unternehmen mit dem Neuesten zur Stelle ist.

Trotz seiner Beteuerungen kann man sich bei der Lektüre der branchenüblichen Berichte des Eindrucks nicht erwehren, daß Moritas Mitarbeiter „hilflose Gefangene eines zugleich donquichotischen und autokratischen Anführers" (Ketteringham & Nayak, 1989, S. 142) sind, der ein Projekt mit mitreißender Leidenschaft durch den gesamten Prozeß vorantreibt und der fanatisch darum kämpft, seine Ideen gegen sämtliche Widerstände durchzusetzen. Bei genauerem Hinsehen aber ist Morita nur ein Mitglied einer Gruppe von Führungskräften, die wichtige Entscheidungen gemeinsam fällen und ihre Urteilskraft immer wieder in Frage stellen. Anstelle von Helden gibt es bei Sony eine Reihe still arbeitender Führungspersönlichkeiten, die ihren Mitarbeitern den Spielraum gewähren, um fest eingefahrene Strukturen zu überwinden und außergewöhnliche Projekte zu bewältigen.

Lee Iacocca, eigentlich Lido Anthony Iacocca, wurde 1924 in den USA geboren. Er ist einer der bekanntesten Manager und stand sogar 1988 als

Präsidentschaftskandidat der Vereinigten Staaten zur Diskussion. Seine Autobiographie „Iacocca – eine amerikanische Karriere" wurde in 18 Sprachen übersetzt und zum erfolgreichsten Sachbuch aller Zeiten.

Iacocca bezeichnet sich selbst als ungeduldig und wenig gelassen. Er ist sehr emotional und hat sich an die Unternehmen, in denen er arbeitete bzw. jetzt arbeitet, also zuerst an Ford und dann an Chrysler, gefühlsmäßig sehr stark gebunden. Er konnte sich, selbst als er den schwersten Anfeindungen von seiten Henry Fords II. ausgesetzt war, trotzdem nicht vorstellen, jemals woanders als bei Ford beschäftigt zu sein.

Iacocca, der ursprünglich Maschinenbau studierte, erzielte seine ganz großen Erfolge vor allem im Bereich des Marketings. Dabei hat er aufgrund seiner vielfältigen Kontakte mit den Händlern früh gelernt, sich genau anzuhören, was sie zu sagen haben, auch wenn es ihm nicht immer gefiel. Überhaupt betrachtet er den persönlichen Kontakt und das kritische Gespräch als das beste Mittel, um Ideen zu entwickeln: „Die kreativen Prozesse, die zwischen zwei oder drei Leuten ablaufen können, die sich zusammensetzen, sind manchmal unglaublich – und dies hat einen großen Teil meines eigenen Erfolgs ausgemacht. Deshalb halte ich es so entschieden für nützlich, wenn sich Führungskräfte Zeit nehmen, miteinander zu reden – nicht immer in offiziellen Konferenzen, sondern einfach, um miteinander zu plaudern, einander auszuhelfen und Probleme zu lösen".

Anders als viele seiner Kollegen verbringt der legendäre Spitzenmanager seine freie Zeit mit seiner Familie und wundert sich über diejenigen, die es nicht fertigbringen, ihre Zeit so einzuteilen, daß auf Phasen der Arbeit auch Phasen der *Entspannung* folgen. Zu Iacoccas Managementgeboten, die er als sein Destillat aus zweiundvierzig Jahren in der Wirtschaft betrachtet, gehört die Empfehlung, sich Querköpfe zu halten: „Ohne unterschiedliche Auffassungen, die auch offen und konstruktiv vorgetragen werden dürfen, kann ein Großunternehmen viel falsch machen. Hört der Chef immer nur das, was er hören will, und trifft er nie auf offenen Widerspruch, dann lauert große Gefahr. Um dieser Gefahr zu entgehen, habe ich stets versucht, ein paar gescheite Querköpfe um mich zu haben, die – aus welchem Grund auch immer – nichts zum Nennwert akzeptieren und denen die Geisteshaltung ‚Das haben wir immer schon so gemacht' überhaupt nicht imponiert" (Iacocca & Kleinfield, 1988, S. 126).

Lee Iacocca war und ist kein Speichellecker. Er praktizierte als junger Manager das, was er heute von seinen Mitarbeitern fordert: sich umgehend zu Wort zu melden, selbst wenn damit der Position eines Vorgesetzten widersprochen wird. „Das System des freien Unternehmertums braucht solche Einzelgänger, Katalysatoren und Meinungsmacher".

Während Iacocca auf der einen Seite das Scheuklappendenken seiner Mitarbeiter bekämpfte, war er selbst so in traditionelle Gepflogenheiten eingebunden, daß dies Chrysler fast die Existenz gekostet hätte. Zu Testzwecken wurden die im Werk produzierten Neuwagen von Chrysler-Mitarbeitern probegefahren – mit abgeklemmtem Kilometerzähler. Dieser wurde vor der Auslieferung des Autos als letztes Teil angeschlossen. Manche Wagen hatten auf diese Weise etliche hundert Kilometer oder auch manchen reparierten Schaden hinter sich, bevor sie einen Käufer fanden, der von alledem nichts ahnte. Einige Autos hatten Blechschäden davongetragen, in einem Fall war ein ‚Testwagen' sogar in einen Graben gerutscht und auf die Seite gekippt. Iacocca kannte diese Praxis bereits von seiner Zeit bei Ford und behandelte sie, als er von einem konkreten Fall erfuhr, unter den Kategorien ‚Lappalie' und ‚So haben wir's doch immer gemacht'. Seine Reaktion, die zeigt, wie verwachsen er mittlerweile mit dem Automobilgeschäft und seinem Unternehmen war: „Mir wäre nicht im Traum eingefallen, daß sich diese Praxis geändert haben könne". Daß er dennoch das Unternehmen, dessen Ruf schwersten Schaden nahm, aus der Kalamität durch schonungslose Offenheit herausführte, zeigt, daß er in der Lage ist, sich zu einem Fehler selbstbewußt und risikobereit zu bekennen und – wenn es die Situation erfordert – unkonventionelle Entscheidungen zu treffen.

Ray Kroc, der Mitte der fünfziger Jahre bei den Brüdern McDonald einstieg und das Unternehmen groß und weltbekannt gemacht hat, erfand weder den Hamburger noch das Selbstbedienungs-Drive-in noch das Fast-Food-Produktionskonzept. Was Kroc tatsächlich fand, war ein einzigartiges Franchisesystem, eines, das McDonald's von allen Fast-Food-Pionieren wesentlich unterschied.

Kroc, der ebenso wie die meisten seiner Teamkollegen nicht aus dem Gastgewerbe stammte, stellte sämtliche Regeln und Traditionen der Branche in Frage. Da das Pionier-Team nicht mit den gängigen Praktiken der Gastronomie vertraut war, bestand der Zwang, sich alles selbst zu erarbeiten. Damit wurden die Weichen für die weitere Entwicklung des McDonald's-Systems gestellt. Es gab nahezu keine Idee, die nicht diskutiert wurde und werden mußte. Nur wenige Elemente waren so unlöslich mit dem Gesamtsystem verbunden, daß sie nicht durch bessere ersetzt werden konnten. Mit wenigen Worten: Das McDonald's-System war das Ergebnis unzähliger, in der Praxis erprobter Experimente.

Von Anfang an bestand das Führungsteam um Ray Kroc aus den unterschiedlichsten Individuen und nicht aus den typischen Managern, die es in jedem bürokratisch geführten Unternehmen verstehen zu überleben. Sie waren keinesfalls mit dieser Schar von ‚Angepaßten' zu vergleichen, sondern autonome Unternehmer innerhalb einer gigantischen Organisation. Jim Kuhn, der sich 1962 bei McDonald's bewarb, erinnert sich: „Wir haben damals Mitarbeiter eingestellt, die es in anderen Firmen nie geschafft hätten, einen Fuß über die Schwelle zu setzen, nicht weil sie unfähig waren, sondern weil sie nicht den traditionellen Vorstellungen entsprachen" (Love, 1988, S. 98).

Genauer betrachtet ist McDonald's nicht ein einzelnes Unternehmen, sondern quasi eine Föderation von Tausenden von unabhängigen Geschäftspartnern, die in einem gewaltigen Netzwerk miteinander verknüpft sind. Es geht auf Ray Kroc zurück, daß ihre organisatorischen Beziehungen einer rigiden Struktur entbehren. Jede neue und brauchbare Idee soll aufgreifbar sein, gleich woher sie kommt. Was zählte, war nicht, wer die Idee hatte, sondern ob sie sich in die Praxis umsetzen ließ. Und da man bei McDonald's nach wie vor großen Wert auf individuelle Leistung legt, hat der Konzern trotz seiner immensen Größe nichts von seinem Unternehmergeist und Flair eingebüßt.

Die primär treibende Kraft des McDonald's-Systems und Brutstätte neuer Produktideen war in der Anfangsphase nicht die Zentrale in Chicago, sondern es waren die Franchisenehmer. Während die Systemzentrale fürchtete, durch Veränderungen in der Produktpalette die mühsam erkämpfte Effizienz einzubüßen, bemühten sich die Franchisenehmer zwecks besserer Überlebens- und Wachstumschancen, einen Produktentwicklungsprozeß aufrechtzuerhalten. Die Innovationslawine wurde Anfang der 60er Jahre mit dem Big Mac ausgelöst und setzte sich mit dem Fish Mac und der Einführung eines Frühstücks und eines Desserts fort. Sämtliche genannten Veränderungen sind auf Initiative von einzelnen kreativen Franchisenehmern zustandegekommen. Wenn es um die Frage geht, wie das bestehende Marktpotential besser ausgeschöpft werden kann, ist die kollektive Kreativität der Systempartner gefragt. Als sich McDonald's Ende der 60er Jahre zu einer Medienmacht entwickelte, hat sich gezeigt, „daß die Franchisenehmer durch ihre Impulse die Marketingmaschine in Gang hielten und für die Flexibilität sorgten, die durch die rasanten Veränderungen am Fast-Food-Markt unerläßlich ist". Paul Schrage, Marketingleiter bei McDonald's, sagt dazu: „Unsere Lizenznehmer sind echte Unternehmer, aber wir bestimmten den

Kurs und legen in den Betriebshandbüchern die Produkt- und Servicequalität fest. Nur im Marketingbereich genießen sie uneingeschränkte Freiheit. McDonald's wäre nicht das geworden, was es heute ist, wenn wir ihnen diese letzte Bastion genommen hätten".

Die Manager der Konzernzentrale in Chicago weisen – bis auf ihre Loyalität gegenüber McDonald's – wenig Gemeinsamkeiten auf. Das liegt darin begründet, daß Kroc an Mitarbeitern interessiert war, die nicht nur nonkonformistisch, sondern auf die eine oder andere Weise sogar extremistisch waren. Kroc scharte die wohl vielfältigste und individuellste Führungstruppe um sich, die es im amerikanischen Topmanagement je gegeben hat. Daran hat sich bis heute nichts geändert – auch wenn die Förderung der Individualisten und ihr enormer Freiraum für Außenstehende hinter der nahezu legendären Uniformität der Fast-Food-Kette weitgehend verborgen bleibt.

Dem Gründer von McDonald's – so wie es heute existiert – ist es zuzurechnen, aus Konzern-Managern, Franchisenehmern und Lieferanten eine große Familie geschaffen zu haben. Es existieren dabei Einträchtigkeit und Loyalität gegenüber dem System, ohne jedoch die Stärke des Individualismus und der Mannigfaltigkeit zu opfern.

McDonald's hat es verstanden, Konformität und Kreativität wirkungsvoll zu verschmelzen.

Daß der gern und viel reisende Ray Kroc und nicht Mac und Dick McDonald, die Väter des ersten McDonald's-Drive-in ein international tätiges Wirtschaftsimperium aufgebaut hat, ist darauf zurückzuführen, daß die Brüder nicht nur ungern reisten, sondern sich darüber hinaus weigerten, über die Grenzen ihres Heimatortes San Bernardino in Kalifornien hinauszusehen. Im übrigen waren sie mit ihrem Status quo eines gutgehenden Hamburger-Restaurants zufrieden. Neal Baker, der zu den Nachahmern der Fast-Food-Kette in Kalifornien zählt und ebenfalls weder gern reiste noch einen Expansionsdrang nach außerhalb verspürte, beschreibt seine Situation und die der Brüder McDonald mit den Worten: „Wir sahen vor lauter Wald die Bäume nicht mehr".

Diesen Wald vor lauter Bäumen sah offensichtlich zwischenzeitlich auch Ray Kroc nicht mehr, der es nicht verstand, eine Distanz zwischen Unternehmen und Privatleben einzuhalten. Kroc weigerte sich, Arbeit und Privatleben voneinander zu trennen. Auch als das Unternehmen wuchs, setzte er sich ständig noch nach Dienstschluß mit seinen Managern in Schlüsselpositionen privat zusammen, um mit ihnen vorwiegend Expansionspläne zu besprechen. Das sich dabei entwickelnde Gefühl, eine einzige, große Familie zu sein, ist zum größten Teil auf Krocs Sendungsbewußtsein zurückzuführen. Ray Kroc übernahm dabei die Rolle des Patriarchen. Dieses Verschweißtsein mit dem Unternehmen setzte einer realistischen Einschätzung der Unternehmenssituation offensichtlich enge Grenzen. Wenn sich McDonald's ausschließlich an Krocs System der Unternehmenspolitik orientiert und dies beibehalten hätte, wäre McDonald's in den Konkurs getrieben worden. Der spektakuläre Wandel vom unrentablen zum gewinnträchtigen Unternehmen ist weder Ray Kroc noch den Gebrüdern McDonald, ja nicht einmal der Popularität der Hamburger, Pommes frites oder Milchshakes zu verdanken, sondern allein der Geschäftigkeit von McDonald's auf dem Grundstücksmarkt und einem wenig bekannten, von Sonneborn entwickelten Erfolgsrezept".

Harry Sonneborns genialen Investitionsstrategien auf dem Grundstücksmarkt ist es zu verdanken, daß McDonald's eine in der Fast-Food-Branche wohl einmalige Marktposition einnimmt. Ihm gebührt das Verdienst, das von Kroc konzipierte System in ein blühendes Unternehmen verwandelt zu haben (ebenda, S. 156). Ray Kroc verstarb 1984 im Alter von 81 Jahren. Er hat sich Unsterblichkeit als Begründer einer neuen Dimension im Gaststättenbereich gesichert.

Coco Chanel gehört zu den ganz wenigen Frauen, denen es gelungen ist, sich als Unternehmerin einen Namen zu machen, dessen Glanz die Jahrzehnte ihres Wirkens überdauert. Sie wurde 1883 in einem Dorf in den Cevennen (Südfrankreich) geboren. Ihre Eltern entstammten ärmlichen Verhältnissen, eine Tatsache, die Coco Chanel zeitlebens zu vertuschen versuchte. Sie stand nicht zu ihrer Herkunft und wendete viel Zeit und Energie auf, um andere glauben zu machen, daß sie aus gutem Hause komme. Coco Chanel war eine Schönheit von großer Ausstrahlung. Dieser körperliche Vorzug kam ihr als Modeschöpferin sehr zugute. Ihr Erfolg beruhte vor allem darauf, daß die Kleidung, die sie für sich selbst kreiert hatte und auch selbst trug, sich auf internationaler Ebene durchsetzte. Sie war zur rechten Zeit am richtigen Platz. Sie selbst sagte: „Ich war die erste Frau, die das Leben dieses Jahrhunderts lebte" (Milbank, 1986, S. 121). Coco Chanel hat die Grundlinie der heutigen Mode geprägt. Sie kürzte den Rock, schuf den Modeschmuck, jedoch nicht als peinliche Nachahmung des echten, sondern als gefälliges Accessoire. Sie schuf das ‚kleine Schwarze', das ein Grundbestandteil der modernen Damengarderobe geblieben ist. Sie brachte mit Chanel No. 5 das erste Parfum auf den Markt, das nicht nach einer Blume roch, sondern synthetische Elemente enthielt, die sich als Duftkomposition entfalteten. Und letztlich wurde Paris durch sie zum Modezentrum der Welt.

Coco Chanel brach bei ihren Kreationen total mit der Vergangenheit. Ihre Garderobe hatte nicht nur elegant zu sein, sondern mußte darüber hinaus auch einen hohen Gebrauchswert haben. Taschen wurden dort angebracht, wo sie gebraucht wurden; Röcke wurden mit Falten versehen, um es den Frauen zu ermöglichen, die Beine übereinanderzuschlagen und ohne Schwierigkeiten in ein Auto zu steigen. Materialien, die zwar gut aussahen, sich aber auf der Haut nicht gut anfühlten, lehnte sie ab. Ihr Einstieg in die Couture vollzog sich wenig spektakulär und nicht zielgerichtet. Sie kaufte bei den Galeries Lafayette einfache Grundmodelle von Hüten, die sie mit viel Phantasie und Geschick so veränderte, daß man den Prototyp nicht mehr wiedererkannte. Die Frauen bewunderten sie und baten um Kopien der Hüte, die Coco ausschließlich für sich selbst und nicht aus kommerzieller Absicht entwarf. 1908 begann Mademoiselle Chanel, wie sie ihr Leben lang genannt wurde, diese kleinen, einfachen Hüte in einer Wohnung ihres Liebhabers in Paris zu verkaufen. 1910 richtete ihr dann ein anderer Verehrer bereits ein kleines Geschäft ein, in dem die Kundinnen neben Hüten auch nach der dazu passenden Garderobe verlangten. Das war der Beginn einer langen Karriere als Modeschöpferin und Unternehmerin.

Diese Karriere wurde unterstützt durch eine Reihe von Zufällen und glücklichen Umständen. Einer davon war ein Streit zwischen Paul Poiret und der Baronin Rothschild. Poiret war kurz vor dem 1. Weltkrieg der erfolgreichste Modeschöpfer in Paris (der ‚Sultan der Haute Couture') und quasi Cocos Vorgänger. Coco Chanel profitierte außerordentlich von diesem Zerwürfnis, da die Baronin alles tat, um Poiret zu schädigen und ihren großen, einflußreichen Freundeskreis zu Chanel zu bringen. Auch kam der 1. Weltkrieg Cocos Interessen entgegen. Ihr Pariser Geschäft lag rein zufällig in der Rue Cambon und damit auf dem Weg, den Tag für Tag die Frauen einschlugen, wenn sie wissen wollten, was in der Stadt vor sich ging, denn zum ersten Mal gingen Frauen allein durch Paris. Ein neuer Frauentyp war geboren, der sich keine Vorschriften mehr machen lassen wollte – auch was die Kleidung betraf. Coco Chanels Kreationen, die das Überkommene hinter sich ließen, waren wie geschaffen für diese neuen, emanzipierten Frauen. Ein Hauch des Natürlichen wehte durch ihre Mode und verband das Raffinierte mit dem Praktischen. Es gibt keinerlei historische Anklänge in ihrem Stil – „sie war eine Erfinderin" (Charles-Roux, 1991, S. 17).

Woher hatte Coco Chanel ihre Inspirationen? Auf den ersten Blick erscheint sie ganz und gar wie das Gegenteil eines Typs der *distanzierten* Hingabe. Sie ordnete alles ihrer Arbeit unter und verlangte dies auch von ihren Mitarbeitern. Sie ging vollkommen in ihrem Beruf auf, ohne den sie sich ein Leben gar nicht vorstellen konnte. Wo ist hier die für Ideenfindung und Kreativität doch angeblich so notwendige psychologische Distanz? Oder ist Coco Chanel vielleicht ein Prototyp der Menschen, die keine solche Distanz benötigen, um zu Ideen zu kommen? Die Grande Dame der Couture macht es uns nicht leicht, hier ein Urteil zu fällen, da sie ein Leben in Widersprüchen führte. Sie war besessen von der Idee, sich selbst und ihre Vergangenheit in gutem Licht erscheinen zu lassen. Um ihre Legende zu pflegen, war sie jederzeit bereit, es mit der Wahrheit nicht so genau zu nehmen. Von daher sollten wir uns an die Fakten halten, die frei sind von persönlichen Werturteilen. Coco Chanel schuf sich zum einen ihre Distanz durch ihre ausgedehnten Reisen, die ausschließlich Vergnügungsreisen und nie Geschäftsreisen waren. Ihr gesellschaftlicher Umgang war geprägt von Persönlichkeiten wie Picasso, Cocteau, Strawinsky, Max Ernst und Hemingway. In diesen Künstlerkreisen bekam sie Anregungen – des weiteren wurde sie inspiriert durch den Besuch von Ausstellungen, von Theater- und Sportveranstaltungen, was sich deutlich in ihren Modellen ausdrückte. Coco Chanel verschloß sich nicht und brütete im stillen Kämmerlein vor sich hin, sondern sie verließ ihr Atelier regelmäßig – man kann sagen, um schöpferisch aufzutanken.

Sicherlich war sie besessen von ihrem Beruf, sie wollte etwas Besonderes schaffen und sich absetzen von der Masse der namenlosen anderen. Dafür war sie bereit, viel einzusetzen. Sie wollte bis ins hohe Alter gefallen – die Selbstdarstellung als Mensch und Modeschöpferin ging ihr über alles. Sie hat „bis zu ihrem letzten Atemzug ihre provozierendsten Kunstgriffe insgeheim sich selber zugedacht" (Charles-Roux, 1991, S. 19). Daß sie mit ihrem Unternehmen vollständig identifiziert gewesen war, dagegen sprechen allerdings vor allem drei Tatsachen. Zum einen verstieß sie als Unternehmerin gegen alle Spielregeln. Ihr Modeimperium war für sie nur Mittel zum Zweck. Sie war überhaupt nicht vertraut mit dem, was logischerweise ihr Milieu hätte sein müssen: Banken, Börse, Finanzleute und die Großindustrie. Obwohl sie ein riesiges Vermögen hatte, machte sie sich keine Gedanken darüber, dies auch ökonomisch zu verwalten und diplomatisch mit ihren Mitarbeitern umzugehen, die dieses Vermögen mit erwirtschaftet hatten. Zum weiteren hat sie 1939 nach Kriegsbeginn ihr Modeunternehmen aufgelöst und ihre gesamte, inzwischen mehrere tausend Köpfe zählende Mitarbeiterschaft entlassen. Erst 1953, nach 14 Jahren, kam es dann zur Wiedereröffnung. Geht man so mit einem Objekt um, mit dem man sich vollständig identifiziert? Wohl kaum.

Vermögen und Besitz spielten im Leben der Gabrielle Chanel, wie sie wirklich hieß, nur insofern eine Rolle, als daß sie den Abstand von der Zeit maß, in der sie nichts besessen hatte. Ihr unermüdlicher Einsatz galt nicht primär einer Mehrung ihres Vermögens, sondern vielmehr ihrer Unabhängigkeit und ihrem Gefallen bei anderen. Das Schicksal ihrer Mutter hatte sie gelehrt, sich nie zu fest an jemanden zu binden, sondern im Gegenteil Unabhängigkeit zu bewahren. Sie konnte es ihr Leben lang nicht ertragen, wenn man versuchte, sie mit Haut und Haaren zu besitzen. So hat sie nicht ein einziges Mal ihren Fuß über die Schwelle ihrer Werkstätten gesetzt und keinerlei Vertrautheit, sondern *Distanz* zu ihren Angestellten gepflegt (Soliman, 1992, S. 172 f.).

Wenn auch die Kleider im Mittelpunkt ihrer Existenz standen, so war das Ausschlaggebende doch für sie die Liebe. Ein Gebiet, auf dem sie nur Enttäuschungen erlebte. Sie war dermaßen auf ihren Erfolg und ihr Gefallen fixiert, daß sie in dem, worauf es ihr ankam, gescheitert war: in ihrem Leben als Frau. Durch ihre Erfolge, die sie nach G. B. Shaw zu einer der beiden wichtigsten Frauen der Welt zu ihrer Zeit machten, war sie blind dafür geworden, wie Männer dazu standen. Gabrielle Chanel war den Männern nicht nur gleichwertig, sondern sogar überlegen. „Ihr ungewöhnliches Schicksal widerlegt die Thesen, wonach die Gleichberechtigung der Geschlechter die entscheidende Voraussetzung für das Glück der Frauen ist" (Charles-Roux, 1991, S. 18).

Coco Chanel starb 1971 in Paris. Ihr Unternehmen wird seit 1983 von dem deutschen Couturier Karl Lagerfeld geleitet. Er führt seitdem mit Welterfolg das fort, was La Grande Mademoiselle ins Leben rief: den Chanel-Stil.

Es ist wohl kein Zufall, daß gerade im kreativen Geschäft mit der Schönheit die Namen von Frauen so häufig ihren Unternehmen Glanz verleihen: Coco Chanel, Nina Ricci, Elizabeth Arden, Helena Rubinstein, Estee Lauder, Jill Sander und *Anita Roddick*. Die letztgenannte allerdings würde sich weigern, mit den anderen in einem Atemzug genannt zu werden. Sie ist das enfant terrible der Branche. Anita Roddick, Jahrgang 1942, Tochter armer italienischer Einwanderer, gründete 1976 ihre erste Parfümerie – von ihr Body Shop genannt – im südenglischen Seebad Brighton. Heute umfaßt ihr Imperium mehr als 600 Dependancen in 37 Ländern und hat sich erfolgreich gegen die Branchenriesen durchgesetzt. Anita Roddick ist eine außergewöhnliche Geschäftsfrau mit einem außergewöhnlichen Unternehmenskonzept. Ihr Unternehmen ist nach ihren eigenen Worten „anders als alle anderen" (Roddick, 1991, S. 28). Als Beispiel existiert weder eine Marketing- noch eine Werbeabteilung. Das allein wäre noch nicht sonderlich weltbewegend, wenn es nicht weitere ganz außergewöhnliche Merkmale gäbe. So werden die The-Body-Shop-Filialen auf der ganzen Welt als „Arenen der Erziehung" verstanden und entsprechend geleitet. Dort wird versucht, das Bewußtsein der Mitarbeiter und der Kunden für Probleme so unterschiedlicher Art zu schärfen wie Vernichtung der Regenwälder, Hunger in der Dritten Welt, Ausrottung der Wale oder Verbreitung von Aids. Jeder Laden hat sein eigenes örtliches Projekt, das von den Mitarbeitern geleitet wird.

Im Laufe der letzten 16 Jahre hat Anita Roddick erkannt, daß man ein Unternehmen auch anders führen kann, als die meisten Unternehmen geführt werden: „daß man seinen Wohlstand mit seinen Angestellten teilen kann und daß man sie fördern und ihnen weitreichende Vollmacht geben kann, ohne Angst vor ihnen haben zu müssen; daß man das Problem des Dritte-Welt-Handels und der globalen Verantwortung und der Rolle der Bewußtwerdung des Unternehmens, der Kunden und Gesellschafter ebenfalls neu angehen kann; daß man all dies tun kann und trotzdem das Spiel nach den Regeln der City spielen kann, trotzdem Geld verdienen und den Anteilseignern satte Gewinne bescheren kann" (ebenda, S. 29).

Zu Anita Roddicks Problemen von fundamentaler Bedeutung gehört die Frage: Wie kann man es auf die Reihe bringen, Wohlstand zu schaffen, ohne dabei Schaden an seiner Seele zu nehmen? Diese Frage wird von ihr in der Weise beantwortet, daß sie ihren Einfluß dazu benutzt, als eine Kraft für soziale und wirtschaftliche Veränderung zu wirken und danach strebt, einen neuen Typus von Unternehmen zu schaffen, einfach dadurch, daß sie durch ihr Beispiel zeigt, daß Business sehr wohl ein menschliches Antlitz und ein soziales Gewissen haben kann.

Es gehört nach ihren Angaben zu ihren Geschäftsprinzipien, Anregungen und Ideen aufzugreifen, wo immer sie zu finden sind. Frau Roddick ist dazu fünf Monate des Jahres unterwegs. Abgesehen von den rein persönlichen Erfahrungen eröffnen ihr diese Reisen in alle Welt die Möglichkeit, nach neuen Produktideen, Wirkstoffen oder neuen Körperpflegemethoden zu suchen. Nach jeder Reise kippt sie einen Rucksack voller Kräuter, Pflanzen und Ideen auf den Tisch ihrer Forschungs- und Entwicklungsabteilung.

Alles, was Anita Roddick anfaßt, macht sie nach ihren eigenen Worten mit Leidenschaft und totalem Engagement. Und das verlangt sie ebenso von ihren Mitarbeitern. Alle sollen sich wie in einer Großfamilie fühlen und fürsorglich und liebevoll miteinander umgehen. Das mit der Großfamilie kann man fast wörtlich nehmen, denn es gehört zu den Grundsätzen von The Body Shop, daß es gern gesehen wird, wenn Familienmitglieder, Freunde und Nachbarn eingestellt werden.

Für sie ist es ein Erfolgsprinzip, gegen den Strom zu schwimmen und immer in die entgegengesetzte Richtung zu gehen. So sieht sie es als einen gravierenden Vorteil an, daß sie nie eine Wirtschaftsausbildung bekommen hat. Sie ist sogar darüber hinaus fest davon überzeugt, daß sie es mit einer kaufmännischen Ausbildung im Rücken nie so weit gebracht hätte. Ihre besondere Abneigung gilt den Bankmanagern, die sie dafür verantwortlich macht, daß viele große Ideen und Gelegenheiten ungenutzt bleiben. Die Vertreter der Nadelstreifenzunft seien lediglich Haushälter und Verwalter von Geld und dächten primär in Kategorien von Prozenten, Gewinnen und Verlusten und weniger an die Umsetzung von Ideen.

Frau Roddick läßt ihrerseits nur ungern eine Gelegenheit aus, Andersdenkende und Andershandelnde der Kleingeistigkeit, Habgier und Engherzigkeit zu bezichtigen. Und damit sind wir an einem wunden Punkt ihrer Persönlichkeitsstruktur angelangt. Sie sieht sich im Mittelpunkt der Welt, die ihre Existenzberechtigung nur davon ableiten darf, sich um The Body Shop zu drehen. Ihre Biographie ‚Body and Soul' ist eine einzige Lobrede auf ihr Können und Tun. Das Wörtchen ‚Ich' ist das mit Abstand meistgenannte des ganzen Buches. Neben ihr und ihrer als übermenschlich sich darstellenden Tatkraft scheint alles zur Bedeutungslosigkeit zu verblassen. Anita Roddick ist der Ideengeber. Sie hat für sich eine Vision entdeckt und verknüpft soziales Engagement und Unternehmertum – und alle ihre Mitarbeiter und Filialisten haben ihr zu folgen. Sollte dies nicht zu ihrer Zufriedenheit geschehen, wenn also jemand nicht von ihrer Leidenschaft angesteckt wird und sich nicht in vollem Umfang für ihre Ziele begeistern kann, sondern mehr an den Verkauf von Körperpflegeprodukten denkt, dann paßt er eben nicht ins Unternehmen und muß gehen. Voraussetzung für die Mitarbeit im Hause The Body Shop ist die bedingungslose Gefolgschaft und die vollständige Identifikation mit dem Unternehmen.

Um dies zu erreichen, bringt Anita Roddick viel Einsatz auf. Bezeichnend für ihr überschäumendes Temperament und ihre Besessenheit, andere für sich einzunehmen und voll auf ihre Ziele einzuschwören, sind ihre Aussagen zu diesem Thema. Sie stimuliert, erzieht, informiert, ermuntert, inspiriert, lehrt, kommuniziert – und immer wieder *predigt* sie und *hämmert* ihren Mitarbeitern ihre Leitsätze *ein*. Bei all dem Engagement und all der Begeisterung übersieht sie, daß sie ihre Mitarbeiter lediglich hinter sich herschleift. Kaum, daß sie das ‚Wir' benutzt hat, fällt sie sogleich wieder ins ‚Ich' zurück. Dazu eine Kostprobe aus ihrem Buch: „Bei The Body Shop glauben *wir*, daß alles der Veränderung unterliegt, und *wir* haben gelernt, die Veränderung zu lieben. *Ich* persönlich liebe neue Ideen. *Ich* beobachte ständig die ‚alternative' Unternehmensszene, um festzustellen, was da vor sich geht, und *ich* gehe bis ans Ende der Welt ... *Ich* bin ein Kurier von Ideen und Informationen für meine Mitarbeiter: Ständig komme *ich* von irgendwoher zurückgaloppiert und platze in Konferenzen hinein, um zu erzählen, daß *ich* ein unglaubliches neues Managementsystem oder eine unfaßbare neue Trainingsmethode gefunden habe ... *Ich* werde mich nie daran gewöhnen, warum eine Idee, wenn sie einmal *meinem* Kopf entsprungen ist, nicht gleich Wirklichkeit werden kann" (ebenda, S. 281 f.).

Während sie die Mitarbeiter so eng wie möglich an sich und an ihr Unternehmen bindet *(‚Wir sind super und Du bist auch super, wenn Du Dich mit uns identifizierst!!')* und ihnen nicht die nötige Distanz, die nötige Luft zum Atmen für schöpferisches Tun läßt, ist Anita Roddick völlig unfähig, dies zu sehen. Sie will, daß jeder ihre Leidenschaften und Interessen teilt und bemerkt nicht, daß ihre Umklammerung kontraproduktiv wirkt. Sie ist fassungslos, daß ihre Leute nicht nur so vor Kreativität sprühen und beklagt sich bitter darüber. Auf die Idee, daß dies an ihr und ihrer Personalführung liegen könnte, kommt sie erst gar nicht. Praktizierte Selbstkritik gehört nicht zu den Stärken der Body-Shop-Gemeinde. Wie sollte sie auch. Der Mitarbeiter ist zum follower geworden. Die starke Identifikation mit dem Unternehmen hat eine Fankultur mit unübersehbar pubertären Zügen stimuliert: Ein verführerisches und verführendes *„Sei mein! Dann bist Du großartig!!'*

Eine Fankultur hat jedoch die negative Eigenschaft, jede Kritik als Nestbeschmutzung zu denunzieren (Sprenger, 1992, S. 53). So ist auch Frau Roddick lediglich überrascht und ratlos, wenn es nicht so läuft, wie sie es sich vorstellt: „Da *predigen* wir den Leuten pausenlos, kritisch und selbstbewußt zu sein und die Stimme zu erheben, wann immer ihnen irgend etwas gegen den Strich geht, und was tun sie? Sie warten erst, bis ich aufkreuze, um mir dann vorzujammern" (Roddick, 1991, S. 192). Dem ist nichts hinzuzufügen.

Abschließend einige Bemerkungen zur Zukunft von The Body Shop. Erstens: Das Gefühl ‚toller als die Wettbewerber' zu sein, kann dauerhaft kaum aufrechterhalten werden. Ein Heißluftballon braucht eben ständig Heißluft. Wenn diese nun ausbleibt und die Mitarbeiter nicht mehr blind vor Begeisterung den Vereinsfarben hinterhertorkeln, kommt es zum Konflikt, und die Mitarbeiter geraten unter erhöhten Anpassungsdruck. Wofür sie sich dann entscheiden, bleibt offen. Bleiben sie treu, dann fallen sie laut Sprenger dem Zynismus anheim, nach seiner Wahrnehmung *die* vorherrschende Einstellungsweise der gegenwärtigen Managergeneration (1992, S. 54).

Zweitens: Was wird aus dem Unternehmen, wenn die große Ideen- und Stichwortgeberin nicht mehr die Initiative ergreifen kann? Frau Roddick hat Mitarbeiter herangezogen, die sich wie Halbwüchsige das Firmenlogo farbecht in den Oberarm tätowieren. Ein solches System ist paradox: Auf der einen Seite bietet es Größenidentifikation und feste Bindung für ein schwaches Ich und erwartet auf der anderen Seite kreatives Funktionieren. Daß man nicht beides gleichzeitig haben kann, ahnen wir bereits.

Das kreative Potential der Mitarbeiter liegt demnach weitgehend brach; diese haben bisher lediglich gelernt, auf die Stimme ihrer Herrin zu hören. Es wird Zeit, dieses Potential wirklich zu nutzen und nicht nur ständig davon zu reden. Apropos reden. Reden ist die erklärtermaßen liebste Beschäftigung der Anita Roddick.

Die Gemeinsamkeiten der Top-Erfolgreichen

Eines ist klargeworden: Nicht alle der weltbekannten, ja weltberühmten Personen waren stets erfolgreich oder haben Neuland betreten. Einige werden nur deshalb in die Geschichte eingehen, weil sie Glück hatten und zum rechten Zeitpunkt am rechten Ort waren. Die Top-Erfolgreichen unter ihnen vereinigen vor allem folgende Eigenschaften auf sich:

- vielseitig interessiert,
- weitgereist,
- kritik- und disputfreudig,
- das Bestehende ständig in Frage stellend,
- unkonventionelles Verhalten zeigend,
- skeptisch, abwartend gegenüber festen Bindungen,
- abweisend öffentlichen Ehrungen gegenüber,

- tolerant,
- humorvoll,
- regelmäßig aus der Routine fliehend,
- Ordnung als Zwang empfindend,
- alte Ordnungen zerstörend,
- die ausgeschilderten Dienstwege des Denkens verachtend.

Die Lebensläufe zeigen, daß die fünf Persönlichkeiten erkannten, daß Kreativität und Innovation in einem Unternehmen überlebenswichtige Bedingungen sind. Der einseitigen Bevorzugung der Tradition und vor allem der Vernachlässigung der Intuition, wie sie für familiäre Gemeinschaften ansonsten typisch sind, haben sie mehr oder weniger wirksam entgegengewirkt. Ihre nicht zu leugnende eigene Tendenz in Richtung Verstand und Tradition, die in den Berichten hier und dort zum Vorschein kommt, haben sie – und dies ist einer ihrer wohl wesentlichen Verdienste – nicht zum Anlaß genommen, zur Unternehmenspolitik schlechthin zu erklären. Die internationalen Erfolge von Morita, Iacocca und Kroc sind nicht zuletzt darauf zurückzuführen, daß Mitarbeiter und Partner gesucht und gefunden wurden, die als starke Persönlichkeiten unabhängig und risikofreudig waren und sich fähig zeigten, auf eigene Initiative hin Produkte und Techniken einzuführen, die nicht in geistig ausgetretene Kategorien paßten. Diesen Mitarbeitern hat es das größte Vergnügen bereitet, aus der Routine und Hierarchie der großen Organisation auszubrechen und ihre eigenen Ideen durchzuboxen. Bei Chanel und Roddick kommt noch hinzu, daß Kreativität und Innovation zum Lebenselixier ihrer Branche gehören, ohne die nichts geht.

Stets wurde die andere Meinung hochgeachtet und nicht mit der typisch traditionell gefärbten Killerphrase ‚Das haben wir noch nie so gemacht' zum Schweigen gebracht. Es wird jedoch deutlich, daß es ihnen nicht immer – in einigen Fällen überhaupt nicht – gelingt, eine mittlere emotionale Distanz zu ihrem Tun und ihrem Unternehmen zu realisieren. Wie die weitaus meisten der Unternehmer waren bzw. sind sie mit ihrer Firma vollständig identifiziert. Etwas anderes käme für sie einem Verrat gleich. In den Fällen der Gründer kann man von ihnen auch als die *personifizierte Tradition* sprechen.

An dieser Stelle sei deshalb die Frage erlaubt: *Also doch keine Beziehung zwischen der emotionalen Distanz und dem Erfolg* – zumindest nicht in der Form, wie sie hier angenommen wird? Man könnte sogar im Gegenteil vermuten, daß eine enge Bindung an das Unternehmen der Ideenproduktion und dem Erfolg eher förderlich ist. Bei genauerer Betrachtung wird jedoch

112 Fallbeispiele und Feldstudien

deutlich, daß man an diese Problematik nur mit einer differenzierten Analyse herangehen kann. Dazu berichte ich jetzt von den Persönlichkeiten, die nicht exemplarisch vorgestellt wurden. Carl Duisberg (Mitbegründer von Bayer), Robert Bosch und Paula Busch (Circus Busch) waren zwar jeweils Leiter eines Unternehmens und auch traditionsgebunden, doch bedeutet Tradition bei einem Zirkus eben etwas anderes als bei einem Chemie- oder einem Elektrounternehmen. In der Chemie- bzw. Elektrobranche bedeutet Tradition auch, ständig etwas Neues zu schaffen, um am technischen Fortschritt teilzuhaben bzw. an dessen Spitze zu marschieren. Tradition bedeutet nicht, auf Erreichtes zurückzuschauen und daran festzuhalten, sondern ständig nach neuen chemischen Verbindungen bzw. nach neuen Verwendungsmöglichkeiten für Zündspulen u. ä. Ausschau zu halten. Tradition war hingegen für Paula Busch, das Alterhergebrachte zu pflegen und zu perfektionieren. Carl Duisberg und Robert Bosch mußten es zwangsläufig bei aller Identifikation mit ihrem Unternehmen und bei allen Identifikationsforderungen an ihre Mitarbeiter akzeptieren, den Mitarbeitern jenen für Kreativität notwendigen Spielraum zu gewähren. Als Erkenntnismedium war also nicht nur die Tradition im engeren Sinne gefragt, sondern ebenso der Verstand, die Sinne und vor allem die Intuition.

Ganz anders bei Paula Busch. Obwohl sie, zumal in ihren jüngeren Jahren, nicht frei war von ungestümem Drang nach Neuerungen, erging es ihrem Zirkus wie so vielen anderen auch. Er verkam auf jenes Niveau, auf dem sich nur noch die für Mitleid zuständigen Reporter der Tagespresse oder bedingungslose Zirkusfanatiker mit ihm befaßten. Die starken Bindungen an die Mitarbeiter und an die traditionellen Darbietungsformen und Konzepte, kurz gesagt: an alles das, was Zirkus für Paula Busch ausmachte, waren so stark und so starr, daß sie ihn wohl als etwas selbstverständlich Überdauerndes ansah, das fern aller gesellschaftlichen Einflüsse um seiner selbst willen existieren muß. Die Vergangenheit hat gezeigt, daß dies ein Irrtum war.

Eine weitere Gruppe unter den weltbekannten Persönlichkeiten ist die der ‚Einzelkämpfer'. Hierzu gehören beispielsweise Rudolf Diesel, Albert Einstein, Marie Curie, Christoph Kolumbus, James Cook, Martin Luther, Otto von Bismarck, Johann Sebastian Bach, Ludwig van Beethoven und Wolfgang A. Mozart. Das Spezifikum der Mitglieder dieser Gruppe ist, daß keine Mitarbeiter einer Organisation hinter ihnen stehen, die ideenbringend tätig sind bzw. auf die man sich in Sachen Kreativität und Innovation verlassen und stets zurückgreifen kann. Der Erfolg bzw. Mißerfolg von Diesel, Einstein, Curie und den anderen hing also im wesentlichen von ihnen selbst ab. Rudolf Diesel ist ein gutes Beispiel dafür, welche Folgen sich aus diesem Einzelgängertum ergeben können.

Rudolf Diesel steht stellvertretend für die deutschen Techniker, die um die Jahrhundertwende den Weltruhm der Produkte ‚made in Germany' begründet haben. Mit dem Dieselmotor wurde die bisher wirtschaftlichste Kraftmaschine geschaffen. Keine andere Kraftmaschine kann die im Erdöl gebundene chemische Energie so wirtschaftlich in mechanische Kraft umsetzen wie der Dieselmotor. In seiner millionenfachen Verwendung bringt er Licht in die Dörfer und Städte, betreibt er Maschinen mannigfachster Art. Schon zu seinen Lebzeiten gab es viele Bewunderer dieses genialen Erfinders und Konstrukteurs, von dem Thomas A. Edison einmal sagte, daß er eine der größten Taten der Menschheit vollbracht habe.

Um die gravierenden Schwierigkeiten bei der Einspritzung des Brennstoffs in den Zylinder zu bewältigen, war Diesel auf den Gedanken gekommen, den Brennstoff zu verdampfen. Aber mit der von ihm konstruierten Anordnung erfolgten keine kontinuierlichen Explosionen der Petroleumdämpfe. Die Maschine leistete keine Arbeit, mächtige weiße Wolken unverbrannten Petroleums bliesen durch das Auspuffrohr. Diesel stand am Scheideweg. Würde er jetzt einen Rückschlag oder gar Mißerfolg erleiden, wäre ein Scheitern seiner Idee nicht mehr abzuwenden. Seine Gegner höhnten, hatten alles vorher gewußt. Diesel war ja kein Motoren-Fachmann, sondern ein Eismaschinen-Ingenieur. Er geriet in eine entsetzliche Lage. Es drohte, wie sein Sohn Eugen berichtet, „ein Versinken in die Hölle, dorthin, wo man vom Genie zum Phantasten oder Betrüger hinabsinkt, das schlimmste Los für einen ehrenhaften Mann, der für die Erreichung seines Zieles das Geld anderer angenommen hat ... Diesel [mußte] fürchten, daß die Beteiligten den Glauben verlieren und er ohne Geld und Achtung auf dem Trümmerhaufen seiner Ideen stehen würde". (Diesel, 1983, S. 196).

Nun verbiß sich Diesel in die Sache. Seine Energie machte ihn zuweilen starr. Dann wollte er Dinge erzwingen, beging Fehler, fand nicht zu dem richtigen Gedanken zurück. Das Resultat war eine Kette von Trugschlüssen und Mißerfolgen. Zuletzt mußte der besessene Erfinder, der sich die für eine bahnbrechende Idee notwendige emotionale und kognitive Distanz meinte nicht gönnen zu können („Tag und Nacht verläßt mich das nicht" (Diesel, 1957, S. 222)), das Scheitern der gesamten Versuchsreihe eingestehen. Während im Geiste Diesels Tausende von Vorstellungen wirbelten, er die Maschinenteile, Erfahrungen, Diagramme untereinander verglich, während er aufblitzenden Wahrheiten und gleißenden Irrtümern nachjagte, fieberhaft

114   Fallbeispiele und Feldstudien

alte und neue Theorien durchdachte, der Mißerfolg ihn nachts aus den Träumen jagte, maßlose Überanstrengung ihn fast zu Boden warf, galt es mehr als je zu forschen, zu denken und zu trachten, die Kampfgefährten bei der Sache zu halten. Dieses bedingungslose gefühlsmäßige Kleben am Gegenstand („Mein Motor"), mehr noch: die vollständige Identifikation, Einswerdung mit der Verwirklichung einer Idee verstellte Diesel den freien Blick.

Er band sein eigenes Schicksal an das Schicksal seiner „schwarzen Geliebten". Bevor jedoch schwerwiegende technische Trugschlüsse die Sache endgültig kippten, ereignete sich der große Glücksfall dieser Erfindungsgeschichte. Ehe Diesel – wie eigentlich ursprünglich geplant – gasförmige Brennstoffe benutzte, spritzte er mit Hilfe nebenbei hergestellter neuer Einrichtungen Benzin in die Maschine ein. Ohne elektrische Zündung ergaben sich die ersten grundsätzlich richtigen Leistungsdiagramme des Motors. Der entscheidende Durchbruch war durch einen Zufall erzielt worden – 1897 wurde der erste voll funktionsfähige Diesel-Viertakt-Motor fertiggestellt. Der Sturz in den Abgrund, auf den Diesel aufgrund seiner emotionalen Gefangenheit und der fachlichen Blindheit – wie auf Schienen sich bewegend – zusteuerte, konnte nur durch diese glückliche Fügung vermieden werden. Sein gesamtes Erfinderschicksal wurde positiv entschieden durch diesen einen Augenblick, in dem er die vorgezeichneten Bahnen verließ.

Anders als bei Diesel war Albert Einsteins Erfolg in geringerem Maße vom Glück abhängig. Er hatte sowohl im Privaten als auch im Beruflichen ausreichend Distanz. Im Gegensatz zu vielen anderen, nur auf ein Teilgebiet spezialisierten Wissenschaftlern überschaute er die Physik – so ähnlich, wie man eine Landschaft überschauen kann, die unter einem liegt – anstatt als Spezialist irgendwo mitten in der Landschaft Einzelheiten zu untersuchen. Und ähnlich wie es zum Beispiel in der Archäologie möglich ist, aus einiger Höhe an weitläufigen Besonderheiten des Geländes – die man vom Boden aus gar nicht bemerken kann – große, in der Erde verborgene Strukturen zu erkennen, – so war auch Einstein auf neue wissenschaftliche Zusammenhänge aufmerksam geworden. Ohne seine außerordentliche Begabung wäre Albert Einstein zwar nicht das geworden, was er war. Der Faktor ‚Distanz' hat jedoch zu seinen Erfolgen ganz wesentlich beigetragen. Einstein hat in diesem Zusammenhang einmal gesagt: „Logik formalisiert. Sie sagt: Du darfst dies nicht – du darfst das nicht. Und wenn man ein großer Neuerer sein will, muß man sagen: Mir ist es egal, was die Logik sagt. Ich mache das einfach mal und sehe, was dann passiert. Das ist Erneuerung! Und dann erst kommt die Logik und gibt dem Ganzen ein vernünftiges Aussehen".

Queen Victoria, deren politische Wirkung man scherzhaft als das bestgehütete Geheimnis der nach ihr benannten Epoche bezeichnet hat, fehlte die Neigung, das Bestehende zu ändern und ein aktives Element in der britischen Öffentlichkeit zu sein – worin sie sich ganz erheblich von ihrem Gatten Albert unterschied.

Die Bindung an die eigene Person und an die eigene Aufgabe ist a priori etwas durchaus Positives. Eine sehr starke Bindung jedoch kann zur Blindheit führen und ist von Nachteil – zumal im Amte einer Königin. Friedrich der Große beispielsweise war sich im klaren darüber, wie klein er war. „Wenn ich nicht von der Vorsehung spreche," schrieb er einmal, „so geschieht es, weil meine Rechte, meine Streitigkeiten, meine Person und der ganze Staat mir als zu geringfügige Gegenstände erscheinen, um für die Vorsehung wichtig zu sein" (Haffner, 1987, S. 205). Im Gegensatz zu vielen anderen nahm er sich in allem höchsten Wagnis, in aller äußersten Anspannung weniger ernst.

Andererseits sind viele große Energieleistungen nur durch eine sehr starke Bindung an die eigene Person und die gestellte Aufgabe verständlich. Der unermüdliche Einsatz einer Maria Montessori, der nie erlahmende Wille und die bewundernswerte Schaffenskraft einer Marie Curie, einer Paula Busch oder einer Käthe Kruse haben wahrhaft stolze Lebenswerke geschaffen, die ihresgleichen suchen. Es ist kein Zufall, daß ich an dieser Stelle gerade Frauen als Beispiele anführe. Sie unterliegen auch heute noch in unserer von Männern dominierten Welt einem besonders starken Leistungsdruck, um anerkannt zu werden.

Innovative, kreative Frauen, die eine große Idee haben, rufen besonders schnell die Kritiker und die Kritikaster auf den Plan, die mit sehr viel Mißtrauen und oft auch Abneigung das Tun und Trachten dieser Außenseiterinnen begleiten. Ist es da nicht allzu verständlich, wenn diese Frauen – um dem Druck von außen begegnen, ihm standhalten zu können – dazu neigen, sich auf sich selbst zurückzuziehen und sich zu verschließen? Mit der Zeit entsteht dann die sich verstärkende Tendenz, sich mit sich selbst und seinem Werk vollständig zu identifizieren und das, was einmal eine Neuerung war, in ein geschlossenes System zu verwandeln.

Dieses geschlossene System ist hervorragend für die Routinearbeit geeignet, der innovativen Arbeit versagt es sich jedoch weitgehend. Damit keine Mißverständnisse entstehen: selbstverständlich ist Routinearbeit notwendig, doch darf ihr nicht alles untergeordnet werden und der schöpferische Aspekt völlig verdrängt werden. Die Aussage einer Führungskraft aus der Automobilbranche mag typisch für diesen Zustand sein: „Ich bin jahrelang Motor gewesen. Ich weiß alles darüber – doch ich verändere nichts!" Der göttliche Funke in uns darf nicht als unbequem und ungewollt empfunden werden – vor allem von den Führungspersonen –, sondern ist als ganz natürliche Regung zu fördern, zum Wohle des Ganzen – auch zur besseren Erledigung der Routinearbeit.

Jedes soziale System wird vom Geschick eines Zyklus von Durchbrüchen, Stagnationen und wieder neuen Durchbrüchen quasi naturgesetzlich geprägt. Auf relativ kurze explosive Perioden der Eroberung von Neuland folgen lange Perioden der Sicherung, in denen die solide Phalanx der Mittelmäßigkeit jenes neue Terrain besetzt, das eine kleine Vorhut großer Geister im Sturm genommen hat. Der Zyklus von Revolution und Tradition ist in unserer modernen Gesellschaft – die Wirtschaft will ich hier ausdrücklich einschließen – pervertiert, weil wir ein gestörtes Verhältnis zu diesen beiden wichtigsten Phasen im kreativen Prozeß haben. Die Lösung zur Überwindung dieses Dualismus liegt im optimalen Aufeinanderabstimmen von Kreativität und Distanz. Einerseits will der Mensch der Umwelt gegenüber offen sein, andererseits jedoch ist er bemüht, in der Sicherheit des Vertrauten zu verharren. Er ist gleichzeitig damit beschäftigt, mehr von der Welt zu erfahren und sich vor der Welt zu schützen. Kreativität kann als Sieg der ersten Bestrebung über die zweite gedeutet werden. Das heißt jedoch nicht, daß Kreativität sich darauf beschränkt, scheinbar unangreifbare Doktrinen, Denkaxiome, Kriterien, Urteile, Systeme und in Gewohnheiten eingebettete Perspektiven lediglich in Frage zu stellen. Der wahre Kreative *gestaltet und zerstört zugleich,* d. h. er setzt an die Stelle der alten Denktraditionen neue Prinzipien und Werte. Weder Destruktion noch Konstruktion allein sind kreativ, sondern erst das Zusammenwirken beider. Wir erkennen an diesem Punkt, daß das ökonomische Kreislaufgeschehen in unserer westlichen Gesellschaft, die das Spezialistentum fördert und ihm huldigt, vom Prinzip her nicht kreativ ist. Dafür gibt es mehrere Gründe: Zum einen akzeptiert die nach festen autoritären Prinzipien lebende und ihre Orthodoxie pflegende, stark ans Unternehmen gebundene Führungskraft den sogenannten Kreativen nicht, der vor sich ‚hintüftelt' und die Rolle des Hofnarren am Hofe des Establishments spielt. Zum anderen begreift letzterer nicht, daß auf die Destruktion die Konstruktion zu folgen hat. Eine ökonomische Kultur, die es schaffen würde, die scheinbar auseinanderlaufenden

Denkformen im arbeitenden Menschen miteinander zu vereinen, könnte auf diese Weise angesichts der vielfältigen Zukunftsaufgaben manches erdachte Wegwerf-Konzept vermeiden und dafür einen Vorsprung in überlebenswichtigen Leistungen erlangen.

Der hohe Stellenwert der Distanzkomponente im Verhalten der weltbekannten Persönlichkeiten und die Art und Weise, wie sie mit Distanz bei sich selbst und bei ihren Mitarbeitern umzugehen wußten bzw. dies nicht wußten, weisen auf einen *deutlichen Zusammenhang zwischen Identifikation und Kreativität* hin. Eine weitere Prüfung in Form eigener empirischer Felduntersuchungen folgt im nächsten Kapitel. Dahinter steht die Absicht, zu sicheren Aussagen zu gelangen, die mehr als nur Tendenzcharakter haben.

Ein weites Feld – Studien zur Distanz

Die Feldstudien wurden in der Zeit von Winter 1988/Frühjahr 1989 bis zum Sommer 1992 bei insgesamt 400 Personen (erwachsene bremische und niedersächsische Mitarbeiter und Führungskräfte aus verschiedenen Branchen) durchgeführt. Zu diesem Zweck sind zwei Erhebungsbogen entworfen worden. Diese Erhebungsbogen (vgl. Anhang S. 157 ff.) sind nicht im ‚stillen Kämmerlein', sondern in Zusammenarbeit mit Mitarbeitern und Führungskräften aus der Wirtschaft entstanden. Die so konzipierten Fragen und Skalen wurden vorab auf Erfüllung der drei Hauptgütekriterien Objektivität, Zuverlässigkeit und Gültigkeit geprüft. Sie haben diese Bewährungsprobe mit gutem bzw. sehr gutem Erfolg bestanden.

Die wesentlichen Ergebnisse der Feldstudien sind:
(1) Rund 70 % der Unternehmen legen gesteigerten Wert darauf, daß sich ihre Mitarbeiter *vollständig* mit ihnen identifizieren.
(2) Rund 50 % der Arbeitnehmer sind *vollständig* mit ihrem Unternehmen identifiziert.
(3) Es existiert eine Beziehung zwischen emotionaler Distanz und der Entfaltung der kreativen Möglichkeiten, und zwar von folgender Art:
    (a) sowohl eine zu kleine als auch eine zu große Distanz des Mitarbeiters zu seinem Unternehmen behindert die Aktivierung seines kreativen Potentials,

118 Fallbeispiele und Feldstudien

(b) es existiert eine optimale Distanz zum Unternehmen, die – salopp formuliert – in der sogenannten goldenen Mitte zwischen den Extrempunkten liegt und bei der die kreative Entfaltung des Mitarbeiters ihr Maximum erreicht.

Die Abbildungen 14 und 15 geben die Ergebnisse zu (3) im einzelnen graphisch wieder.

(4) Frauen gehen eine stärkere Bindung an das Unternehmen ein als Männer.[7]

Der Vergleich der Abbildungen 14 und 15 zeigt, daß der *Zusammenhang zwischen Kreativität und emotionaler Distanz zum Unternehmen tendenziell das Bild ergibt, wie es in der Basisannahme formuliert wurde* (vgl. Abbildung 13). Die Basisannahme wird damit bestätigt. Die Ausnutzung des Kreativitätspotentials steigt zunächst an, erreicht einen Maximalpunkt und fällt von da an ab. Die Basisannahme wird damit *bestätigt*. Daß die beiden Kurven, die anhand von Praxisdaten erstellt wurden, nicht noch größere Übereinstimmung mit der ‚idealen' Glockenkurve auch in den erweiterten Randbereichen erzielt haben, hängt offensichtlich mit folgendem Phänomen zusammen: Nicht alle Mitarbeiter, die sich vollständig mit ihrem Unternehmen identifizieren und damit voll auf Tradition, Bewahrung und Status-quo-Denken verpflichtet sind, werden auch voll von den anderen Erkenntnismedien (Sinne, Verstand, Intuition) abgeschnitten. Es handelt sich um die Gruppe, in deren Betrieben zwar Bindung und Tradition großgeschrieben werden, ebenso sehr aber auch Innovation und Toleranz praktiziert werden. *Wir können also davon ausgehen, daß nicht jede starke Identifikation stets zur Kreativitätsbehinderung führt. Dies geschieht nur dann, wenn in der Organisation neben Forderungen nach absoluter Loyalität gleichzeitig eine ausgesprochene oder unausgesprochene Abneigung gegen innovative Veränderungen besteht, wie sie in vielen Unternehmen anzutreffen ist.*

Auch die Annahme, daß die Identifikationspolitik in den Unternehmen Wirkung zeigt, konnte bestätigt werden. Vollständig identifizierte Mitarbeiter sind danach nicht die Ausnahme, sondern die Regel.

---

7 Diese Ergebnisse sind mit wissenschaftlichen Methoden auf statistische Signifikanz geprüft worden. Die Prüfungsergebnisse lassen darauf schließen, daß die hier erhaltenen Resultate keine Zufallsprodukte sind und somit verallgemeinert werden können. Das Signifikanzniveau alpha für sämtliche Prüfungen beträgt 5 %.

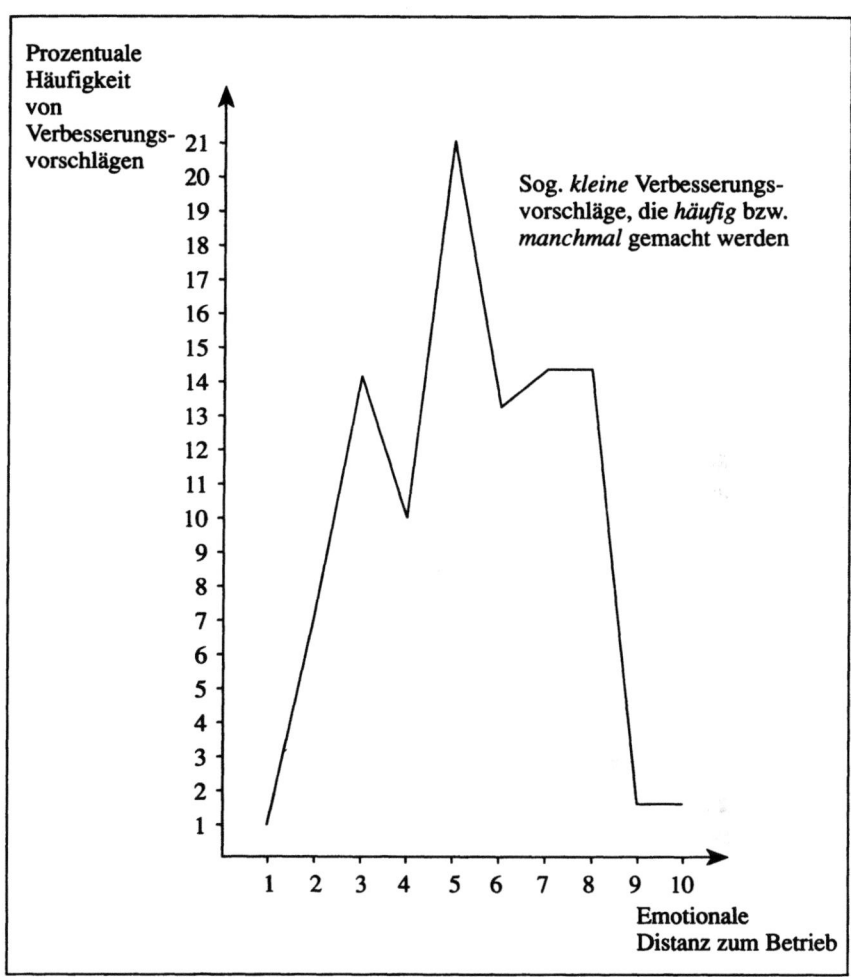

Abbildung 14: Darstellung des Zusammenhangs zwischen der Produktion von Ideen und der emotionalen Distanz zum Betrieb. Gemeinsame Darstellung für häufig bzw. manchmal gemachte *kleine* Verbesserungsvorschläge

120 Fallbeispiele und Feldstudien

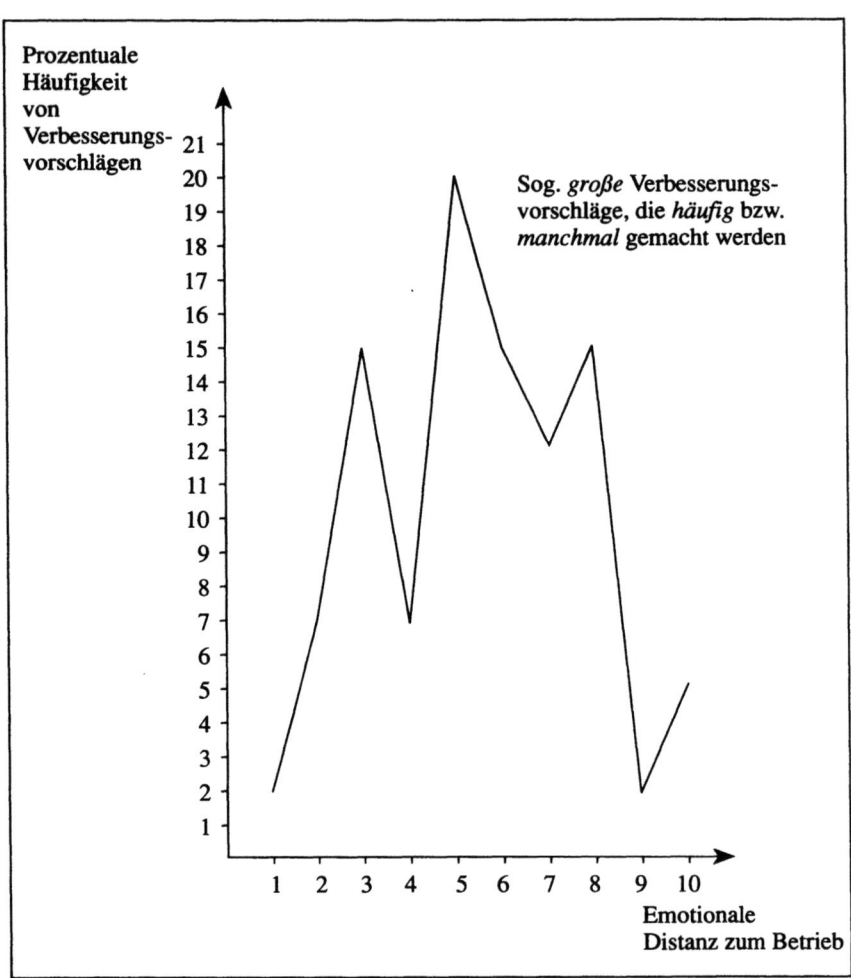

Abbildung 15: Darstellung des Zusammenhangs zwischen der Produktion von Ideen und der emotionalen Distanz zum Betrieb. Gemeinsame Darstellung für häufig bzw. manchmal gemachte *große* Verbesserungsvorschläge

Durchschnittliche Distanz	männlich	weiblich
zum Unternehmen in seiner Gesamtheit	4,66	3,39
zum Arbeitsplatz	3,41	2,08
zu den Kollegen	5,13	3,30
zum Chef/Vorgesetzten	5,60	5,33
zur symbolischen Welt des Betriebes	6,93	6,00
zur eigenen Person/ beruflichen Kompetenz	3,33	3,50
Bemerkung: Die Distanzskala reicht von 1 bis 10.		

Tabelle 1: Bindung und Geschlecht[8]

Die Daten der Tabelle 1 bestätigen, daß Frauen im Durchschnitt eine kleinere Distanz, d. h. engere Bindung an das Unternehmen haben als Männer. Bis auf die Kategorie ‚berufliche Kompetenz' ist die Bindung der weiblichen Mitarbeiter stärker, sie sind emotional enger an ihren Arbeitsplatz, ihre Kollegen ... gebunden als Männer. Bestätigung findet dieses Ergebnis der stärkeren Bindung der Frauen in der Literatur, die annähernd übereinstimmend zu folgendem Ergebnis kommt: Frauen engagieren sich emotional sehr stark für ihre Sache; sie investieren etwas ganz Spezifisches von sich, beispielsweise in ihren Arbeitsplatz oder in ihre Aufgabe. Sie haben dabei nicht das Gefühl, daß lediglich ein Spiel gespielt wird und alles nicht ganz so ernst genommen werden darf. Ganz im Gegenteil: Für berufstätige Frauen sei alles ernst, meinen Margaret Hennig und Anne Jardim (1987, S. 41).

Das erklärt dann auch die Schwierigkeiten, die Frauen haben, sich von ihrem Chef, ihrer Arbeit und ihrem Betrieb in positiver Weise abzugrenzen. Dies können sie sich häufig auch gar nicht leisten, weil man von ihnen noch loyaleres Verhalten verlangt als von ihren männlichen Kollegen. Die Wurzeln dieser emotional starken Anpassung sind wohl – wie so oft – in der

---

[8] Diese Ergebnisse sind mit wissenschaftlichen Methoden auf statistische Signifikanz geprüft worden. Die Prüfungsergebnisse lassen darauf schließen, daß die hier erhaltenen Resultate keine Zufallsprodukte sind und somit verallgemeinert werden können. Das Signifikanzniveau alpha für sämtliche Prüfungen beträgt 5 %.

Kindheit und Jugend zu finden. Es kann uns nicht weiter überraschen, wenn Eleaonor Maccoby und Carl Nagy Jacklin (1974, S. 172) feststellen, daß sich Mädchen den Forderungen von Respektpersonen bereitwilliger beugen als Jungen. Auf Mädchen lastet ein deutlich höherer Konformitätsdruck, der seine Wirkung bis ins Alter nicht verliert. So haben sich in einer Felduntersuchung von Dieter Ganz weibliche Mitarbeiter wesentlich betriebsblinder gezeigt als ihre männlichen Kollegen. Dieses Phänomen wurde mit zunehmendem Alter der Beschäftigten immer deutlicher (1962, S. 57 ff.). Resümee: Frauen könnten ihre schöpferische Kraft in stärkerem Maße zum Ausdruck bringen, wenn sie sich weniger stark mit ihrer Arbeitsstätte und dem ganzen ‚Drum und Dran' identifizieren würden. Die Frage ist allerdings, ob dies auch akzeptiert würde.

Sowohl die biographischen Analysen *als auch* die praxisbezogenen Feldstudien zeigen einen Zusammenhang zwischen Distanz und Kreativität, der mit der aus den Indizien abgeleiteten Vermutung übereinstimmt (vgl. Abbildung 13). Verkürzend und auf einen für die Praxis in den Unternehmen griffigen Nenner gebracht, lautet die *Konsequenz* aus diesem Resultat: Es muß ein Umdenken im betrieblichen Personalmanagement stattfinden.

In die Kategorien von Nähe und Distanz übertragen und in Handlung umgesetzt, bedeutet das:

– *Verkürzung der Distanz* zum Unternehmen bei den ‚freischwebenden' Kreativen und
– *Vergrößerung der Distanz* zum Unternehmen bei den (zu) stark Identifizierten

mit dem gemeinsamen Ziel der Optimierung von Distanz und kreativer Schaffenskraft.

Extremfall Japan: Kopie statt Kreativität

Wie kein anderes Volk haben die Japaner vor allem nach dem 2. Weltkrieg fremdes Wissen aufgesaugt und für ihre eigenen Zwecke nutzbar gemacht. Vieles, was im Westen genial erfunden wurde, haben sie in sorgfältiger Kleinarbeit verbessert. Die ‚Japan-GmbH' funktioniert wie eine gut geölte Maschine. Die meisten Japaner lassen sich wie Arbeitstiere vor den Karren des Unternehmens spannen (Follath, 1981, S. 25) und ordnen sich willig seinen Zielen unter. Gefragt sind ‚abgerundete' Persönlichkeiten ohne Ecken und Kanten, die sich nicht selbst verwirklichen wollen, sondern nach Selbstaufgabe fürs Firmenwohl streben. Gefragt sind Anpassungsfähigkeit und Durchschnittlichkeit – wehe dem, der auffällt. Er wird zu einem Ärgernis. Wie man dieses Ärgernis beseitigt, darüber gibt ein japanisches Sprichwort Auskunft: Wenn ein Nagel zu weit heraussteht, dann muß man ihn einhämmern.

Der Anteil der mit ihrem Unternehmen vollständig identifizierten Mitarbeiter ist größer als bei uns. In zahlreichen Unternehmen gibt es unbezahlte tägliche Zusammenkünfte vor Beginn oder nach Beendigung der regulären Arbeitszeit. Man singt – aufgestellt in Reih und Glied, ohne Raum für Individualität – das Firmenlied und skandiert die Parolen der Woche. Der Konformismus, das Bestreben, nicht als Individuum, sondern als Glied einer Gemeinschaft in Erscheinung zu treten, das seine höchstpersönliche Identität erst aus der Gruppe gewinnt, ist weit verbreitet. Der Japaner betrachtet die Firma nicht nur als einen Arbeitsplatz, sondern als eine gleichsam vergrößerte Einheit seiner Familie, in deren strenger hierarchischer Struktur er sich vollständig eingebunden fühlt.

Ist Japan demnach ein Musterbeispiel für kreativitätshemmendes Verhalten? Die Zahlen sprechen eine andere Sprache. Bei Toyota gab es 1982 fast 2 Millionen Verbesserungsvorschläge, 1986 mehr als 2 1/2 Millionen. Als Vergleich: Jacques Calvet verkündete 1989 stolz, daß bei Citroën in einem Jahr 20000 Vorschläge gemacht worden seien. In Deutschland haben wir ähnliche Verhältnisse. Ist damit unsere Basisthese – zumindest, was Japan angeht – widerlegt? Ist das Land der aufgehenden Sonne ein Beispiel dafür, daß das Ideenpotential der Mitarbeiter eine enorme Aktivierung erfährt, wenn der Arbeitnehmer in seinem Unternehmen bedingungslos untergeordnet wie in einer Großfamilie lebt, seine knapp bemessene Freizeit mit ebenfalls vollständig angepaßten Kollegen verbringt, die wie er absolut loyal bis zur Selbstaufgabe sind und Individualisten für egoistische Chaoten halten? Wer hier ein Urteil fällen möchte, möge zwei wesentliche Fakten zur Kenntnis nehmen:

(1) Das japanische Vorschlagswesen in den Unternehmen ist in starkem Maße institutionalisiert und anerkannt – anders als bei uns. „Der Angestellte einer japanischen Firma, der keine Vorschläge zur Produktivitätsverbesserung zu machen hat, wird entweder für einen Schuft oder für einen Dummkopf gehalten" (Maury, 1991, S. 64). Es besteht also ein regelrechter Zwang, ständig Änderungsvorschläge zu machen.

124 Fallbeispiele und Feldstudien

(2) Der Wert der von Japanern eingereichten Verbesserungsvorschläge ist in der Regel vergleichsweise sehr bescheiden. Jack Morlin, der Präsident des Schwedischen Instituts für das Vorschlagswesen, der Japan bereiste, nennt Prämien in Höhe von 40 bis 60 Pfennig und Durchschnittswerte von weniger als 5,– DM pro Vorschlag (zum Vergleich: in Deutschland betrug 1990 die Höhe der Prämie pro Vorschlag im Schnitt nahezu 800,– DM (BVW-Statistik, 1/92, S. 33).

(3) Die Japaner bezeichnen sich selber als nicht kreativ (Morlin, 1983, S. 160). „Wir können perfektionieren, aber nicht erfinden" (Jungblut, 1982, S. 28), heißt es in Japan immer wieder. Die Japaner kopieren dabei so gründlich, weiß Mark H. McCormack zu berichten, „daß sie sogar die unabsichtlichen Fehler des Originals kopieren, wenn wir ihnen die Lizenz zur Kopie eines Designs – eines Tennishemds oder eines Sportgeräts – verkauft haben" (1989, S. 183).

Nichtsdestoweniger existieren sehr erfolgreiche japanische Neuerer, von denen Ketteringham und Nayak berichten. Ist es dabei lediglich ein Zufall, daß einer der erfolgreichsten Kreativen, Taiichi Ohno, der mit Begriffen wie Quality Circle, Just in time oder Jidoka in Verbindung zu bringen ist, in der japanischen Gleichheitsphilosophie keinen Platz einnimmt? Anders als viele seiner Landsleute, die sich vollständig ihrer Firma verschrieben haben, zieht Ohno einen scharfen Trennungsstrich zwischen Beruf und Privatleben.

Wenn man die japanischen Leistungen Revue passieren läßt, sind vor allem der herausragende Fleiß und das Streben nach Qualität bis hin zur Perfektion zu nennen. Das sind Eigenschaften, die einen hohen Stellenwert in den Unternehmen haben und Japans Weltruf mit begründeten. Diese Attribute werden auch weiterhin einen exponierten Wert im Wirtschaftsleben haben. Es muß sich jedoch zeigen, ob auch die Aufgaben der Zukunft von den Japanern gelöst werden können. Dies ist nur dann zu schaffen, wenn sie „selbst die notwendige Kreativität aufbringen, denn seit sie in die Spitzengruppe der Industrienationen vorgedrungen sind, können sie derartige Zukunftsaufgaben nicht mehr allein durch den Kauf fremden Wissens lösen" (Jungblut, 1982, S. 28). Nobuyaki Nakahara, Präsident eines der größten Mineralölkonzerne des Landes, drückt seine Sorgen um die Zukunft Japans so aus: „Japan hat ... seine Vorbilder verloren. Die Meister sind eingeholt, es gibt niemanden mehr, den man noch kopieren könnte, wir müssen nunmehr selber kreativ werden ... Heute sehen wir uns ... erstmalig herausgefordert, Neuland zu betreten ... und das ist beunruhigend. Wir Japaner befinden uns in einem Zustand äußerster mentaler Instabilität" (Maury, 1991, S. 163).

An Bedeutung gewinnt diese Aussage noch dadurch, daß die Erfüllung der Produktionsphilosophie von Perfektion und Arbeitsintensität eines nicht mehr fernen Tages wohl ausschließlich durch Automaten gewährleistet werden wird. Den verbleibenden Mitarbeitern wird dann in verstärktem Maße Kreativität abverlangt werden, was allerdings von total angepaßten, individualitätslosen und unemanzipierten Arbeitnehmern nicht angemessen geleistet werden kann.

Falsche Distanzpolitik – Gefahr droht!

Die Identifikationspolitik, wie sie in vielen Unternehmen praktiziert wird, birgt Gefahren. Wie sehen diese Gefahren im einzelnen aus? Wir wissen zwar bereits, *daß* ein Zusammenhang zwischen Identifikation und Kreativität besteht, und welche Form dieser Zusammenhang hat. Doch *warum* das so ist, das soll jetzt intensiv beleuchtet werden.

Zum einen werden die eigentlichen Probleme nur übertüncht und nicht gelöst: Die vor allem in Kleinbetrieben fehlende Mitbestimmung, die mangelhaften betrieblichen Weiterbildungsmöglichkeiten, die z. T. als zu hoch empfundene Belastung am Arbeitsplatz, die als Manipulation empfundenen Führungstechniken und die häufig zu geringen Handlungsspielräume. All diese unguten Erscheinungen wirken bei der Erzeugung von Ohnmachtsempfinden am Arbeitsplatz erheblich mit und schwächen bzw. verhindern – teilweise unterschwellig wirkend – das, was die Unternehmen so händeringend herbeisehnen: die Aktivierung der Kreativität ihrer Mitarbeiter.

Diese Mitarbeiter fordern Kontrolle über ihre Arbeitsbedingungen mit all den Konsequenzen, die dazugehören und keine *ersatzweisen* Angebote zur Identifikation. Oder wie würden Sie es beurteilen, wenn Sie mit Zahnschmerzen zum Arzt gingen und dieser Ihnen Psychopharmaka geben würde, damit Sie dem Schmerz einen anderen Stellenwert in Ihrem Bewußtsein geben?

Außerdem fühlen sich Mitarbeiter, die sich stark mit ihrem Unternehmen identifizieren, schnell überfordert, weil sie Lob und Tadel, Erfolg wie Mißerfolg immer auf sich beziehen. Diese ständige Überlastung führt häufig dazu, daß die Arbeitnehmer mit der Zeit immer passiver werden: Sie ziehen sich zurück, sie fühlen sich leer und gefühllos, sie sind durch den ständigen Streß ‚ausgebrannt'. Manche Mitarbeiter versuchen, dieses ‚Ausbrennen' zu verhindern, indem sie einen klaren Trennungsstrich zwischen Beruf und Privatleben ziehen. Doch ist dies in der Regel ein schwieriges Unterfangen; denn wer zuviel Distanz zu seinem Unternehmen und seiner Berufsrolle einnimmt, wer nur so tut, als ob er sich ohne Wenn und Aber identifiziert, der wird schnell als ‚unecht' abgestempelt. Und ‚Unechtheit' wird als schweres persönliches Versagen, als moralischer Fehler betrachtet.

Wie auch immer die Arbeitnehmer auf die Forderungen ihres Arbeitgebers reagieren, ob mit totaler Identifikation, mit bewußter Einhaltung einer gewissen Distanz oder mit Zynismus, die berufliche Gefühlsarbeit ist eine Gratwanderung. Mit diesem Problem versucht jeder Mitarbeiter auf seine Art fertigzuwerden. Vielleicht setzt an diesem Punkt der Gefühlsverunsicherung die Suche nach dem wahren Selbst ein, die oft genug direkt oder auf Umwegen in die Psycho-, Sekten- oder Okkultismus-Szene führt. Und so schließt sich dann der Kreis: Wem im Berufsleben vorgeschrieben wird, was er fühlen soll, macht sich auf die Suche nach seinen ‚authentischen' Gefühlen und bekommt wiederum vorgeschrieben, was er ‚wirklich' fühlen soll.

Eine dritte, für unser Thema zentrale Gefahr sehe ich darin, daß die für schöpferisches Tun notwendige Distanz zum Identifikationsobjekt (Unternehmen als ganzes, Führungskräfte, Kollegen, Ziele des Betriebes ...) verhindert wird. Die entstehende *Überidentifikation* kann dazu führen, daß ein Mitarbeiter

— blind wird für notwendige Veränderungen. Selbst die harmlos wirkende Überidentifikation mit einer anderen Person und das Entstehen sogenannter ‚Quasipersönlichkeiten' birgt *erhebliche* Gefahren in sich, denn sie führt zur Hilflosigkeit, wenn das Verhaltensmodell nicht mehr zur Verfügung steht,
— Informationen leugnet, die negative Auswirkungen für das System anzeigen und eigentlich zum Eingreifen des Mitarbeiters führen müßten,
— den Sinn der Existenz ausschließlich in der Arbeit sieht und seine persönliche Identität mit der betrieblichen Identität gleichsetzt. Diese Mitarbeiter fallen mit dem Tag der Pensionierung oder Entlassung ins Leere. Die Erfahrung hat gezeigt, daß dies auch dann gilt, wenn die Befreiung vom Arbeitszwang herbeigesehnt wurde. Viele Hochidentifizierte, vor allem ältere Menschen, verlieren zwangsläufig den Lebenswillen, weil sie mit der Arbeit in einem speziellen betrieblichen Kontext

den Lebenssinn verloren haben. Altersforscher warnen davor, ganz im Unternehmen aufzugehen, liebgewordene Hobbys dafür aufzugeben und die Daseinsberechtigung ausschließlich in vollbrachter betrieblicher Leistung zu sehen,
- eher bereit ist, Unannehmlichkeiten in dieser Organisation zu ertragen und damit möglicherweise negative Wirkungen für das System hinzunehmen, statt im Sinne des Strebens nach Systemerhaltung den Ursachen dieser Unannehmlichkeiten nachzuspüren,
- jene Hürden, an denen er seine Fähigkeiten erproben und seine Siege erringen kann, nicht mehr vorfindet. Dies gilt insbesondere für junge Mitarbeiter, die das Risiko des Mißlingens in besonderer Weise suchen. Ansonsten wird die in der Jugend straff gespannte Feder der Vitalität lahm, und die Leistungsperspektive erscheint gleichförmig und abenteuerlos. Die Erprobung der eigenen Willenskräfte und die Erfahrung, auftauchenden Problemen gewachsen zu sein, gibt einem jungen Menschen Selbstvertrauen und Sicherheit. Dafür sorgt zwar auch die Identifikation mit dem Unternehmen. Die vollständige Identifikation jedoch, die emotionale Verschmelzung mit dem Betrieb, die durch die Politik der Hindernislosigkeit betrieben wird, betrügt den jungen Betriebsangehörigen gewissermaßen um das für den Reifeprozeß wichtige Erlebnis des Kampfes gegen Widerstände. Die aktiv betriebene schnelle Einordnung ins affektive Gefüge der Organisation mag dazu beitragen, daß die Phase des Erprobens und Kräftemessens sehr rasch durchlaufen wird. Das Resultat ist dann häufig ein junger Mitarbeiter, der sich in seiner (fehlenden) Ideenfreude und Risikolust kaum noch von dem älteren Kollegen unterscheidet,
- seine eigene geschlechtsspezifische Identität aus den Augen zu verlieren droht. Gemeint sind hier insbesondere diejenigen Frauen, die im Beruf erfolgreich sein wollen. Es gibt eine Reihe von Indizien dafür, daß diese Frauen sich sehr stark an ihren männlichen Kollegen orientieren und bis zur Selbstaufgabe anpassen, um in der von Männern dominierten Wirtschaftswelt akzeptiert zu werden,
- das Unternehmen als sein eigentliches Zuhause und als den stabilisierenden Faktor in seinem Leben empfindet. Der im Betrieb sich vollziehende Prozeß der Fragmentierung der Persönlichkeit erschwert die Entstehung sozialer Bindungen, und die Trennung von Erwerbs- und Privatleben trägt dazu bei, den Zusammenhalt innerhalb der Familie aufzulösen. Die Bereiche, in denen das Individuum als ganzheitliche

Person akzeptiert oder zumindest toleriert wird, sind heute kaum noch vorhanden. Sie sind einem zutiefst exzentrischen Individualismus, der Isolation in der Masse und einer auf die Spitze getriebenen Entfremdung gewichen. M. French nennt als Beweis für das Unbefriedigtsein dieser Lebensweise die Statistiken zur Kriminalität, Alkoholismus, Drogensucht und Scheidungshäufigkeit (1988, S. 688),
- bei allzu früher Bindung die für einen Betriebswechsel notwendige Elastizität einbüßt,
- seine Unabhängigkeit und die Freiheit seiner Persönlichkeit verliert und unter Umständen in eine demütigende Abhängigkeit gerät,
- in Konflikt gerät mit den übrigen Gemeinschaften (Familie, Nachbarschaft ...), denen er ebenfalls sehr eng verbunden sein sollte. Dieser Konfliktstoff wirkt nach Hax zwangsläufig auf den Betrieb zurück und gefährdet das vom Betrieb mit der Identifikation angestrebte Ziel (1961, S. 731 f.).

Die Identifizierung kann schließlich soweit voranschreiten, daß der Mitarbeiter Hilfskräfte und Auszubildende genau so strafend und autoritär behandelt, wenn sie mit einem Verbesserungsvorschlag an ihn herantreten, wie er selbst behandelt wurde. Es kann hinzukommen, daß jede Gelegenheit genutzt wird, den kreativen Kollegen zu diffamieren. Nach Lauster ist die Identifizierung mit der Autorität auf den untersten Stufen der betrieblichen Hierarchie besonders stark ausgeprägt. Bei der Weitergabe von Verhaltensnormen ist häufig eine Tendenz zur Verschärfung zu beobachten. Während der Geschäftsführer die Normen teilweise leger handhabt, setzt sie der Mitarbeiter auf der untersten Stufe pedantisch und verbissen durch.

Ein weiteres Beispiel für die negativen Folgen der Distanzpolitik ist die eher als schrullig eingestufte und milde belächelte Überidentifikation mit der Arbeit. Das kann so weit gehen, daß der Mitarbeiter seine Aufgabe überbewertet, von Vorgesetzten gewünschte Änderungen nicht akzeptiert oder die Kritikfähigkeit an der eigenen Arbeitsweise verliert.

Die emotionale Bindung an eine Person, Organisation oder an ein Symbol kann freiwillig auf der Basis von Sympathie oder Bewunderung erfolgen, aber auch zwangsweise entstehen. Gerade wenn Führungskräfte deutlich ablehnend bis aggressiv auf Ideen ihrer Mitarbeiter reagieren, können mitdenkende, kritisch-konstruktiv eingestellte Arbeitnehmer täglich ihre Ohnmacht gegenüber den Forderungen der übergeordneten Autorität erleben. Die daraus entstehende Angst vor der Macht kann einen Mechanismus zur

Identifizierung mit der Autorität auslösen. Anstatt gegen die Forderungen der Führungskräfte (‚Verbesserungsvorschläge erarbeite ich selbst, dafür werde ich schließlich auch bezahlt – ich brauche niemanden, der mir hineinredet!') zu kämpfen, sie zu verneinen, werden sie aus Angst vor negativen Sanktionen bejaht und zu erfüllen versucht. Um die Strafe und die Strafangst abzuwehren, wird auf diese Weise der Mechanismus der Identifizierung mit der Autorität, dem auf der sozialen Rangleiter Höherstehenden gebildet. Durch eine fortschreitende Verinnerlichung (Introjektion) mit dessen Eigenschaften, Einstellungen und Verhaltensmerkmalen übernimmt der Mitarbeiter sukzessive die Eigenschaften, die er zunächst haßte.

Welche Form der Überidentifikation wir auch immer nehmen: Stets fehlt dem Individuum, das sich mit seiner Organisation und ihren Werten, Normen und Zielen gleichsetzt, die emotionale Distanz. Diese emotionale Distanz, verbunden mit der kognitiven Distanz, ist jedoch die *Voraussetzung* für schöpferisches, kreatives Verhalten, das sich beispielsweise in den guten Ideen der Mitarbeiter manifestiert.

Die Überidentifikation entsteht nicht allein aufgrund von personalwirtschaftlichen Aktivitäten, sondern wird maßgeblich durch die eigenaktive Bereitschaft der Mitarbeiter gefördert, sich an das Unternehmen zu binden. Es dominiert heute die Anschauung, daß gesellschaftliche Erscheinungen nur dann Bedeutung gewinnen, wenn man sie personalisieren kann (Sennett, 1987, S. 281). Das gesellschaftliche Leben wird als instrumentell beschrieben: Wir gehen zur Schule, zur Arbeit, wir besuchen Versammlungen oder wir wählen, weil wir dies müssen. Da uns bei diesen Leistungen keine Wärme vermittelt wird, sind wir bemüht, in diese Leistungen nicht allzu viel zu investieren. Unser Leben erscheint uns in dieser Dimension als ‚Instrument', als Mittel und nicht als Realität, in der wir uns auch mit unseren Gefühlen engagieren. Um sich jedoch engagieren zu können, so glauben heute viele, müssen „alle gesellschaftlichen Erscheinungen, gleichgültig, wie anonym sie ihrer Struktur nach sind, *personalisiert* [werden], damit sie überhaupt Bedeutung gewinnen" (Sennett, 1987, S. 281). Die Kraft der betrieblichen Mythen und Legenden tut das übrige, um dem einzelnen Mitarbeiter die Möglichkeit zu bieten, ‚sein' Unternehmen zu personalisieren, indem er es gedanklich auf eine Gründerpersönlichkeit oder -gruppe reduziert, zu denen er nunmehr enge Beziehungen aufbauen kann.

Auch David Riesman (‚Die einsame Masse') sieht die Entwicklung in Richtung auf stärkere Verpersönlichung der Arbeit und des Unternehmens gehen. Er argumentiert dabei folgendermaßen: Die durch kulturelle Entwicklungen in unserer westlichen Gesellschaft in immer größerer Zahl auftretenden außengeleiteten Charaktertypen (von Augenblick zu Augenblick an dem Urteil anderer orientiert) streben in ihrer Mehrzahl nach Anpassung (1966, S. 254). Sie passen sich den Forderungen der Gesellschaft nach Nähe, Wärme und Harmonie auch in der Arbeit mühelos an und sind bereit, sich mit ihrer Tätigkeit und ihrem Betrieb voll zu identifizieren. Einen Unterschied macht Riesman zwischen Arbeitern und Angestellten. Während er den Angestellten generell eine hohe Bereitschaft attestiert, sich schichtenkonform zu verhalten und sich anzupassen, sieht es nach seiner Auffassung bei den Arbeitern differenzierter aus. Dort gibt es wesentliche Gruppen, die sich dem harmonischen Gefühlszusammenhang des Unternehmens zu entziehen versuchen[9].

Es wäre aus meiner Sicht geradezu fatal, diese Autonomiebestrebungen der Arbeiter zu durchkreuzen und sie so stark wie möglich an das Unternehmen zu binden; denn gerade diese Gruppe trägt stark zur Ideenproduktion im Unternehmen bei[10].

Auch Riesman sieht die Tendenz zur Verpersönlichung der Arbeit mit kritischem Blick. Er beklagt die Bestrebungen, „die Welt der Arbeiter und Angestellten mit jedem erdenklichen Komfort aus[zu]statten und alle Punkte in der Fabrik und im Büro in dieses Netz emotionaler, moralischer und persönlicher Werthaltungen ein[zu]beziehen" (ebenda, S. 283). Für den Weg zur Autonomie der Person empfiehlt er, die Menschen emotional weniger zu strapazieren und sie zu ermutigen, selbst darüber zu entscheiden, ob und wie weit sie sich auf intensivere persönliche Beziehungen einlassen wollen. Obwohl Riesman unter Kreativitätsgesichtspunkten die richtigen Forderungen stellt, bleibt zu bedenken, daß es auch Individuen gibt, die sich nahtlos

---

9 Bestätigt werden diese Thesen auch durch Daten der empirischen Sozialforschung. Das Institut für Demoskopie ermittelte im Rahmen der Untersuchung ‚Jobs in the 80's', daß sich in der Bundesrepublik Deutschland nahezu doppelt so viele Angestellte mit ihrem Betrieb verbunden fühlen wie Arbeiter (Noelle-Neumann & Strümpel, 1985, S. 112). Dieses Ergebnis ist um so bemerkenswerter, als wir in der Bundesrepublik Deutschland „nach dem Krieg zu einer relativ klassenlosen Gesellschaft gekommen sind" und eine Arbeiterklasse bei uns nicht mehr existiert (Warnecke, 1987, S. 126). Dennoch zeigt u. a. dieses Ergebnis, daß das Verhalten von Arbeitern und Angestellten – obwohl die klassische Teilung mehr und mehr verschwindet – grundverschieden sein kann. Offensichtlich ist die Teilung aus den Köpfen noch nicht verschwunden.
10 Die Beteiligungsquote der Angestellten am Betrieblichen Vorschlagswesen beträgt lediglich ein Viertel derjenigen der Arbeiter (vgl. dazu die Berichte des Deutschen Instituts für Betriebswirtschaft über die Entwicklung des BVW 1954–1986).

in eine Organisation einpassen wollen, in ‚ihrem' Unternehmen aufgehen wollen und darin eine zweite Heimat suchen und finden.

Ich habe keinen Maßstab, um angeben zu können, wo die notwendigen persönlichen Beziehungen aufhören und die unnötigen beginnen. Es ist überhaupt keine Frage, daß die Zufriedenheit der Mitarbeiter ein Überlebensfaktor für jedes Unternehmen ist. Bedarf es jedoch zur Befriedigung dieser vitalen Lebensbedürfnisse des Aufwandes großangelegter und permanent durchgeführter Aktivitäten? Ich gehe davon aus, daß derjenige, der im Unternehmen seine emotionalen Kräfte einsetzen möchte und Identifikationsobjekte, Geselligkeit und Harmonie sucht, dies gerade heute in einer Zeit, die bei vielen fälschlicherweise als unpersönlich verschrien ist, leicht bewerkstelligen kann und sogar für seine Einstellung mit Verständnis und Wohlwollen belohnt wird.

Abschließend zu diesem Kapitel erlaube ich mir eine ‚ketzerische' Frage:

Wird die Identifikationspolitik von den Unternehmen bewußt eingesetzt, um die Kreativität der Mitarbeiter nicht zur Entfaltung kommen zu lassen?

Kreative Mitarbeiter gehören nämlich nicht zu den bequemen Mitarbeitern. Sie können durch ihre Ideen die Routine ganz empfindlich stören. Daß diese Mitarbeiter sich nicht der ungeteilten Zuneigung vieler Führungskräfte erfreuen, liegt auf der Hand. Von daher spricht auf den ersten Blick einiges dafür, die Frage mit ‚ja' zu beantworten. Dagegen spricht jedoch die Erfahrung:

- Zum einen sind die Zusammenhänge zwischen undosierter Identifikationspolitik mit ihrem möglichen Resultat der Überidentifikation auf der einen Seite und der Aktivierung des kreativen Mitarbeiterpotentials auf der anderen Seite wohl nur in Einzelfällen bekannt – und auch dort nur als ungesicherte Vermutung. Daß dies ausreicht, um in praktisches Handeln im Betrieb umgesetzt zu werden, erscheint mehr als zweifelhaft.
- Zum anderen wird der Stellenwert der Kreativität zur Erreichung der Unternehmensziele im Gegensatz zu Loyalität und Enthusiasmus von vielen Verantwortlichen nicht hoch eingeschätzt. Aus diesem Grunde wird man kaum gezielt dagegen vorgehen. Vielmehr scheint es so zu sein, daß die Führungskräfte versuchen, die Mitarbeiter dem Betrieb anzupassen – damit sie funktionsgerecht und ohne unnötige Reibungsverluste arbeiten.

Ich hoffe, daß es mir trotz der Komplexität und Exklusivität des Themas gelungen ist, deutlich zu machen, daß dieses Buch kein Plädoyer für eine Mitarbeiterdistanz zum Unternehmen im Sinne von Distanziertheit und innerer Kündigung ist. Ursula Nuber hat mit der „zivilisierten Höflichkeit" (1988, S. 93) eine treffende Formel für das gefunden, was ich als wohlwollende Distanz bezeichne. „Vielleicht ist ‚zivilisierte Höflichkeit' die Formel, die einerseits einen nicht-entfremdeten Umgang mit den eigenen Gefühlen im Arbeitsleben ermöglicht, andererseits aber das soziale Schmiermittel darstellt, mit dem der Alltag für alle Beteiligten erträglich wird" (ebenda).

5. Distanztheorie – was bringt sie fürs Geschäft?

Das leidige Problem von Theorie und Praxis

„Viele ansonsten gescheite und tüchtige Unternehmer gehen heute bei ihrer Managementtätigkeit von einer theoretischen Grundlage aus, die völlig überholt ist. Und das ist auch durchaus verständlich, denn was es im Theoriebereich Neues gibt – ob richtig oder falsch – ist nicht gerade leicht zugänglich. Alles steht noch ziemlich am Anfang, vieles ist unausgegoren und ungeordnet" (Peters & Waterman, 1986, S. 117). Sämtliche Managementtheorien haben auf die Arbeit der Praktiker „vor Ort" keinen nennenswerten Einfluß gehabt. In den bestgeführten Unternehmen, die von Peters und Waterman untersucht worden sind, waren die grundlegenden Managementtechniken nicht nur anders, sondern es wurde teilweise das Gegenteil von dem praktiziert, was nach Management-Schulweisheit zu erwarten gewesen wäre.

Dennoch wäre es falsch anzunehmen, man könne ganz ohne Theorien auskommen. Theorie ist nicht a priori etwas Trockenes und Blutleeres, und man muß unterscheiden zwischen Theorien in der reinen und angewandten Wissenschaft. Während die *reine* Wissenschaft der Erkenntnis eines Wissensbereichs dient, ohne daß ein zwingender Praxisbezug besteht, liegt das Erkenntnisziel der *angewandten* Wissenschaft in der Beschreibung und Beurteilung bestehender Verfahren und in der Entwicklung neuer Verfahren. Hinter dem Begriff Theorie verbirgt sich nichts anderes als ein gedankliches Abbild der Wirklichkeit, wobei von der Vielfalt der Erscheinungen in mehr oder weniger starkem Maße abstrahiert wird. Die Reduktion der Realität auf ihre wesentlichen Strukturen fördert die Verständlichkeit und Übersichtlichkeit und dient damit auch und gerade dem Praktiker. Dieser sieht das jedoch regelmäßig ganz anders und lehnt Theorien mit dem falschen Argument der Praxisferne ab. Wann wird endlich der Satz Kurt Lewins akzeptiert, der einmal sagte: „Nichts ist praktischer als eine gute Theorie."

Distanz allein macht nicht kreativ

Die hier durchgeführte Feldforschung diente primär der Sensibilisierung für dieses Thema und der ersten Annäherung an ein noch unbearbeitetes Gebiet. Meine Aufgabe bestand darin, deutliche Tendenzen herauszustellen. Soviel kann allerdings gesagt werden, daß es sich empfiehlt, nicht nur die Distanzskala zur Beurteilung des Aktivierungsniveaus des kreativen Potentials heranzuziehen, sondern darüber hinaus weitere Indizien zu sammeln, die über die Bindung an das Unternehmen Auskunft geben können. Dazu gehören beispielsweise:

- verbrachte tägliche Zeit im Betrieb (vor allem die über das tariflich Erforderliche hinausgehende Zeit),
- Ableisten von unbezahlten Überstunden,
- negative bzw. sehr kritische Reaktion auf Veränderungsvorschläge,
- Meinung, daß man im Unternehmen unentbehrlich sei,
- Hineinschlüpfen in die Person des Unternehmers, den Betrieb aus dessen Sicht sehen, entsprechend fühlen und handeln,
- jederzeit bereit sein, den Urlaub ohne zu murren zu verschieben,
- an den meisten betrieblichen Veranstaltungen (vor allem außerplanmäßigen) teilnehmen,
- morgens einer der ersten und abends einer der letzten sein,
- Zurückstellen des Privatlebens; Priorität dem Unternehmen geben,
- ständig über das Unternehmen reden, bei allen betrieblichen Belangen mitreden wollen, sich in andere Zuständigkeitsbereiche einmischen.

So jedenfalls haben die Teilnehmer an der Feldstudie diejenigen Mitarbeiter charakterisiert, die vollständig mit ihrem Unternehmen identifiziert sind. Sollte jemand die vorläufige Gewißheit gewinnen, auch zu dem Typus des Überidentifizierten zu gehören, so kann ihm die Einschätzungs-Skala in der SEMI (Anhang S. 163 ff.) weitere Klarheit verschaffen. Dazu gleich jedoch mehr.

Zu beachten ist jedoch, daß man einen Gegenstand des Interesses nicht nur vom rein Quantitativen aus betrachten und beurteilen darf. Gai Eaton drückt dies in seinem Werk ‚King of the Castle' poetisch aus: „Entferne von einem beliebigen Gegenstand seine geheiligten oder symbolischen Bestandteile, wirf ihn in den Fluß der rein quantitativen Erscheinungen, und sein Wert löst sich auf wie Fleisch, das in einem Faß voller Säure von den Knochen fällt" (Seymour, 1984, S. 152).

Messen Sie Ihre persönliche Distanz

Es kann nicht das Ziel eines Autors sein, der sich mit einem Plädoyer für einen Kurswechsel im Personalmanagement an die betriebliche Praxis wendet, es mit einer bloßen Konzeption bewenden zu lassen. Der Praktiker hat einen Anspruch auf etwas Greifbares. Gemeint ist ein Instrumentarium, mit dem die psychologische Distanz der Mitarbeiter zu ihrem Unternehmen gemessen werden kann. Ein solches Instrumentarium ist die SEMI, die ich entwickelt und mit sehr gutem Erfolg erprobt habe. Jeder kann damit seine ganz persönliche emotionale Distanz zu ‚seinem' Unternehmen bzw. ‚seiner' Organisation bestimmen. Der Einsatz eines solchen Selbstbeurteilungsfragebogens ist vor allem angezeigt, wenn sich jemand fragt bzw. feststellt:

- Warum habe ich im Unternehmen in der letzten Zeit keine richtig guten Ideen mehr?
 oder
- Warum sehe ich nicht mehr, wie sich die Dinge in der Firma entwickeln?
 oder
- Irgendwie ist die Entwicklung im Unternehmen über mich hinweggegangen, ich fühle mich außerhalb des Prozesses („das Spiel läuft an mir vorbei")
 oder
- Warum nehme ich bei Entscheidungen sehr häufig Bezug auf Fälle aus der Vergangenheit bzw. aus anderen Abteilungen? Das könnte ich häufig besser individuell lösen. Warum schneide ich den alten Zopf nicht einfach ab?
 oder
- Ich rede mit Freunden und auch zu Hause sehr viel über die Firma. Ich habe das Gefühl, daß mich nichts anderes so stark in Anspruch nimmt
 oder
- Ich bin fast nur noch mit Leuten aus meinem Unternehmen zusammen. Da wird nahezu ausschließlich über betriebliche Dinge gesprochen. Manchmal habe ich das Gefühl, daß in anderen Unternehmen alles so ähnlich ablaufen muß wie bei uns, daß es quasi gar nicht anders geht. Ich ertappe mich dabei, wie ich unsere Firma als Teil für das Ganze nehme.

136 Distanztheorie

Sie können mit Hilfe der SEMI im Anhang dieses Buches herausfinden, wie eng Sie an Ihr Unternehmen gebunden sind. Anders formuliert: Sie können ermitteln, ob die Tendenz erkennbar ist, daß Sie sich zu stark bzw. zu schwach mit Ihrem Unternehmen identifizieren.

In jedem einzelnen Fall empfiehlt es sich, die ebenfalls in der SEMI enthaltene zehnstufige Distanzskala zu Rate zu ziehen und die beiden Werte miteinander zu vergleichen. Die aufgrund der Erfahrungen zu erwartende hohe Übereinstimmung zwischen den Werten der beiden Instrumente kann im Einzelfall nicht nur der Bestätigung eines Ergebnisses durch das andere dienen, sondern Veranlassung sein, noch einmal über den Problemkreis nachzudenken und eventuell Korrekturen an der eigenen Einschätzung der Bindung bzw. Bindungsbereitschaft an das Unternehmen vorzunehmen. Dies gilt um so mehr, als nach der Lektüre dieses Buches ein wesentlich anderer Erkenntnisstand als vorher existiert, was zu mancher Revision des eigenen Verhaltens Anlaß geben wird.

6. Mit Gelassenheit zu Distanz und Kreativität

a) Wie verhält sich der einzelne, wenn er feststellt: Ich bin zu stark mit meinem Betrieb identifiziert?
Wenn er meinen Argumenten folgt, wird er sich vielleicht fragen: Was soll ich tun? Vor allem wird er dann nachdenklich werden, wenn er sich erfolglos fühlt, aber vital genug, um einen persönlichen Kurswechsel vornehmen zu können. Oder er wird sich fragen: Muß ich mich umstellen? Soll ich den Betrieb wechseln?

b) Wie verhält sich der Personalchef, wenn er nach der Lektüre dieses Buches zu dem Schluß kommt, daß der Mitarbeiter ‚M' sich so stark mit dem Unternehmen identifiziert, daß er keine zündenden Ideen mehr produziert?
Versetzen in eine andere Abteilung? Entlassen? Mit ihm reden? Ihm Ratschläge geben, wie: Nun seien Sie mal wieder so richtig kreativ?!

c) In einem kleinen Unternehmen mit wenigen Mitarbeitern ist alles noch überschaubar, und der Personalchef kann jeden einzelnen Mitarbeiter selbst beurteilen und dessen Identifikationsbedürfnis noch individuell zu steuern versuchen. Wie aber steht es in den Mittel- und Großbetrieben? Wenn wir realistischerweise davon ausgehen, daß ein hoher Prozentsatz der Mitarbeiter *nicht* dem Typ des produktiven Querdenkers (4, 5, 6) entspricht, so besteht in größeren Organisationen ein quantitatives Problem. Wie bringen wir die große Masse der Mitarbeiter auf den richtigen Weg zur Mitte – in Richtung auf den 4, 5, 6-Typ?
Entlassungen, Versetzungen, großangelegte Schulungen stehen nicht zur Disposition – zum einen aus sozialen Gründen und zum anderen aus Risikoerwägungen heraus. Wer garantiert, daß eine Versetzung in eine andere Abteilung die Ideenquellen wieder sprudeln läßt? Oder wer garantiert, daß der unter Distanzgesichtspunkten ausgewählte ‚Neue' auch der richtige Fachmann ist? Großangelegte Schulungen auf der intellektuellen Schiene würden einmal auf Widerstand bei der Belegschaft stoßen und damit einen Erfolg von vornherein zweifelhaft erscheinen lassen und zum weiteren hohe Kosten verursachen.

Das sind nur einige aus der Reihe der Fragen, die in diesem Zusammenhang gestellt werden können; allerdings gewichtige. Gibt es auf diese Fragen denn keine Antworten, die nicht so deprimierend klingen, wie Entlassung beispielsweise? Diese Antworten gibt es allerdings. Wir erinnern uns, daß der ideale Typ des kreativen Mitarbeiters sich durch Gelassenheit auszeichnet. *Gelassenheit* ist überhaupt die *zentrale Eigenschaft* der *schöpferischen Persönlichkeit.* Diese Eigenschaft bringt man nicht ausschließlich von Haus aus mit, man kann sie auch erwerben. Besser gesagt: Man kann sie sich erarbeiten. Mit dem Sich-Erarbeiten von Gelassenheit wäre eine Grundlage geschaffen für schöpferisches Tun, das an jedem Platz nutzbringend ist. Für den Mitarbeiter, das Unternehmen und die gesamte Volkswirtschaft.

Was führt zu Gelassenheit und Kreativität? Meine Antwort: Eine Vielzahl von Methoden, die vom Autogenen Training bis hin zu Meditationsübungen reichen. Sie alle haben eins gemeinsam: Sie führen – richtig angewandt – zu Entspannung, Entlastung, Befreiung, Lösung und Ruhe (Stokvis & Wiesenhütter, 1961, S. 15 sowie Müller-Elmau, 1977, S. 101 f.). Dies sind sämtlich Zustände, die auf Distanz im produktiven Sinne hindeuten. Es bleibt jedoch nicht dabei. In den Büchern über diese Methoden finden sich viele Aussagen und Belege über ihre distanzschaffenden und kreativitätsfördernden Wirkungen. Müller-Elmau, der Vertreter einer der bekanntesten Meditationsmethoden, der Transzendentalen Meditation, bemerkt dazu: „Wichtig erscheint, daß sich der Meditierende im *Abstand* von den Inhalten erlebt und sich deshalb nicht in sie verwickelt sieht ... Diese Überlegenheit kann sich durchaus zu einem Dauerzustand auch außerhalb der Meditation festigen, wenn regelmäßig meditiert wird" (1977, S. 103).

„Die wirklich großen Männer der Weltgeschichte haben alle entweder zu meditieren verstanden oder doch unbewußt den Weg dorthin gekannt, wohin Meditation uns führt. Die anderen, auch die begabtesten und kräftigsten, sind alle am Ende gescheitert und unterlegen, weil ihre Aufgabe, oder ihr ehrgeiziger Traum, so von ihnen Besitz ergriff, sie so besaß und zu Besessenen machte, daß sie die Fähigkeit verloren, sich immer wieder vom Aktuellen zu lösen und zu distanzieren" (Hesse, 1982, S. 106). Ein Vertreter des Autogenen Trainings: „Auch die psychische Gelassenheit ... entwickelt sich allmählich im Vollzug der regelmäßigen Trainingszeiten" (Rosa, 1973, S. 93). Und derselbe Autor: „Auch der ‚Gesunde', der vegetativ ausbalancierte und in seinen gewöhnlichen Verhaltensmustern harmonische Mensch verbessert seine Gelassenheit. Ungleich mehr gewinnen ... diejenigen, die zuvor solche Ausgeglichenheit in körperlicher und psychischer Hinsicht vermißt hatten" (ebenda).

Diese Wirkungen werden auch von Kritikern nicht bestritten, jedoch wird an die Adresse einiger Techniken der Vorwurf gerichtet, sie führten zur

Lebensuntauglichkeit, d. h. zur Unfähigkeit, das tägliche Leben zu meistern. Diesen Eindruck kann man bekommen, wenn man Meditierende beobachtet. Sie wirken passiv, weil sie nichts ‚tun'. Erich Fromm sagt dazu: „In Wirklichkeit aber ist diese konzentrierte Meditation die höchste Aktivität der Seele, deren nur der innerlich freie, unabhängige Mensch fähig ist. Die eine Auffassung von Aktivität, nämlich unsere moderne, bezieht sich auf die Verwendung von Energie zur Erreichung äußerer Ziele; die andere bezieht sich auf die Verwendung der dem Menschen innewohnenden Kräfte ohne Rücksicht darauf, ob damit eine äußere Veränderung bewirkt wird oder nicht" (1980, S. 32).

Muße hat in unserer Gesellschaft erst ab einem bestimmten kulturellen Niveau einen Eigenwert. Sie ist – obwohl ihre schöpferische Qualität außer Zweifel steht – offenbar immer noch nicht eine ehrbare Möglichkeit menschlichen Daseins und gehört in unserem Denken nicht so selbstverständlich zur Anstrengung wie das Einatmen zum Ausatmen oder das Zuhören zum Reden. Wenn sie schon sein muß, soll sie wenigstens sinnvoll sein, indem sie beispielsweise der Gesundheit, der Bildung oder der Loyalität zum Unternehmen dient.

Spannung gehört ganz einfach dazu. Spannungsloses Sein ist Nicht-Sein. Entspannung ist nicht als Allheilmittel anzusehen. Man denke nur an die pathogene Wirkung der Entlastungs- und Entspannungssituation nach der Pensionierung. Stokvis und Wiesenhütter mahnen in diesem Zusammenhang, „nicht einfach Spannung oder Entspannung im Gegensatzsinn zu beachten oder erzielen zu wollen. Es geht um die rechte ‚Spannung' für diesen jeweiligen Menschen in seiner Situation" (1961, S. 32 f.).

Auf dem Weg zum transzendenten Selbst

Während viele Techniken primär Ruhe, Entspannung und körperliches Wohlbefinden erreichen wollen, gibt es übergreifendere Ansätze wie beispielsweise die Transpersonale Psychologie. Sie gewinnt immer mehr an Bedeutung. Nicht zuletzt, weil sie einen vielversprechenden Zugang zum schöpferischen Potential verspricht. Ken Wilber, ihr Vordenker, formuliert, daß wir uns bei der Identifikation mit uns selbst mit unserem Selbst*bild* identifizieren, das in der Regel ein ungenaues Selbstbild sei. Das Individuum weigere sich oft, Aspekte des eigenen Ichs einzubeziehen, beispielsweise die Wünsche und Begierden, die die Gesellschaft mit einem Tabu belegt habe. Es komme dann dazu, daß der Mensch wirklich daran glaube, diese Tendenzen seien Nicht-Selbst, fremd, draußen. Wilber fragt: „Trotz der dem gesunden Menschenverstand entsprechenden gegenteiligen Vorstellung – kommt es Ihnen nicht seltsam vor, daß Sie sich nur mit einem Bruchteil Ihres gesamten Wesens identifizieren? Ist es nicht merkwürdig, daß Sie bestenfalls eine Hälfte des Organismus als ‚ich' bezeichnen? Wem gehört die andere Hälfte?" (Wilber, 1986, S. 143).

Wenn wir noch einen Schritt weitergehen und die dem gesunden Menschenverstand entsprechenden Orientierungen auf uns selbst und unsere Welt hinter uns lassen und in Bereiche des Transpersonalen vorstoßen, erzeugen wir jedoch bei den meisten modernen gebildeten Bewohnern des Abendlandes wenig mehr als Verwirrung. Denn bei der allgemeinen Blutleere der heutigen Religionen haben wir jeden direkt und sozial begehbaren Weg zur Transzendenz weitgehend verloren. Wilber vermutet wohl nicht ganz zu Unrecht, daß der Durchschnittsmensch ungläubig zuhören werde, wenn ihm erklärt werde, daß er – eingenistet in den tiefsten Tiefen seines Wesens – ein transpersonales Selbst habe, ein Selbst, das über seine Individualität hinausgehe und ihn mit einer Welt verbinde, die jenseits von konventionellem Raum und konventioneller Zeit liege. Es ist nach Wilber bedauerlich, daß wir in der westlichen Welt zunehmend dahin tendierten, das Transzendente zu verdrängen.

Die wachsende Neigung zum Ausmerzen des Transzendenten in unserer Existenz hängt eng zusammen mit dem Begriff der Gleichheit und der entsprechenden Erfahrung. Gleichheit bedeutet ursprünglich in religiösem Sinne, daß wir alle Gottes Kinder sind und alle an der gleichen menschlich-göttlichen Substanz teilhaben, daß wir alle *eins* sind. Gleichheit bedeutet aber auch, daß wir zwar alle eins sind, aber jeder von uns ein einzigartiges Wesen ist, einen *Kosmos für sich* darstellt. In der westlichen Industriegesellschaft hat der Begriff der Gleichheit einen Bedeutungswandel erfahren. Heute bedeutet Gleichheit nicht mehr Eins-Sein, sondern Dasselbe-Sein (Fromm, 1980, S. 25). Fromm betont in seiner Gesellschaftsanalyse, daß eine hochtechnisierte Welt fürs reibungslose Funktionieren menschliche Atome brauche, die sich untereinander völlig gleichen müssen, um den gleichen Anweisungen folgen zu können. Die Menschen würden vielfach zu bloßen Nummern degradiert. Sie hätten die gleichen Vergnügungen, läsen die gleichen Zeitungen, fühlten und dächten das gleiche. Sie sollen fröhlich, arbeitsam, tolerant, zuverlässig und ehrgeizig sein und mit jedem reibungslos auskommen. Sie erledigten Aufgaben in vorgeschriebenem Tempo und in der vorgeschriebenen Weise. Wie die moderne Massenproduktion die Standardisierung der Produkte verlange, so verlange auch der gesellschaftliche Prozeß die Standardisierung des Menschen. Und diese Standardisierung nenne man dann ‚Gleichheit'. Der so eingebundene, auf Konformitätskurs gebrachte Mensch besitze nur wenig eigene Initiative und schöpferische Kraft. Fromm dazu: „Von der Geburt bis zum Tod, von einem Montag zum anderen, von morgens bis abends ist alles, was man tut, vorgefestigte Routine. Wie sollte ein Mensch, der in diesem Routinenetz gefangen ist, nicht vergessen, daß er ein Mensch, ein einzigartiges Individuum ist ...?" (ebenda, S. 27). Und – so möchte ich hinzufügen – wie sollte er nicht vergessen, daß er in der Lage wäre, über sich selbst hinauszuwachsen und in der Vereinigung mit der Welt großartige schöpferische Leistungen zu vollbringen?

Von der einenden Qualität der Arbeit ist im modernen Arbeitsprozeß trotz der nicht zu übersehenden Gegensteuerungen durch Humanisierungsbemühungen nur noch wenig übriggeblieben. Die dennoch vorhandenen Möglichkeiten, aus diesem Routineprozeß auszubrechen, werden von vielen nicht gesehen, weil ihnen die für das Erkennen notwendige *Distanz* fehlt. Sie sind in diesen auf Konformität ausgerichteten gesellschaftlichen Prozeß derart stark eingebunden, daß sie im Extremfall aufgehört haben, sie selbst zu sein. Nach Fromm gibt es für diese Majorität, die nichtsdestoweniger in der Illusion lebe, Individualisten mit originären Ideen und Neigungen zu sein, keine Transzendenz des eigenen Ichs mehr, sondern lediglich die Wahrnehmung einer Pseudo-Einheit. Die „strenge Routine der bürokratischen, mechanischen Arbeit ... hilft [verhindern], daß sich die Menschen ihres tiefsten Bedürfnisses, des Verlangens nach Transzendenz und Einheit, bewußt werden" (ebenda, S. 98).

Die Entdeckung des transzendenten Selbst kann als das Hauptziel aller Therapien und Disziplinen angesehen werden, die sich an die transpersonale Schicht richten. Namen wie C. G. Jung und Abraham Maslow verbinden sich mit ihnen. Derjenige, welcher den Weg zum transzendenten Selbst gefunden hat, erweitert seine Identität, sein Selbst. „Er identifiziert sich nicht mehr ausschließlich mit seinem Ich ..., und so wird er nicht mehr von rein persönlichen Problemen und Dramen erstickt. In gewissem Sinn kann er von seinen individuellen Sorgen lassen und sie mit *schöpferischer Distanz* betrachten und dabei erkennen, daß sein tieferes Selbst, welchen Problemen sein persönliches Selbst auch gegenüberstehen mag, diese Probleme überschreitet und von ihnen unberührt, frei und offen bleibt" (Wilber 1986, S. 169).

Die Techniken und Therapien, die sich an die transpersonale Schicht wenden, führen, so versprechen ihre Apologeten, daß wir unsere Bindungen an unsere Kümmernisse, Probleme und Sorgen lösen. Nicht die Plagen selbst seien so beunruhigend, sondern unsere enge Bindung an sie.

Verliert man jedoch durch das Vordringen zum transzendenten Selbst nicht den notwendigen Bezug zu den sogenannten alltäglichen Erfordernissen des Lebens? Wilber behauptet, daß das Gegenteil der Fall sei. Durch die Distanzierung von der ausschließlichen Identifikation mit dem isolierten Organismus fange das Individuum an, fürsorglicher und akzeptierender gegenüber Leib und Seele zu sein. „Der Organismus als ganzes wird zum vollkommen akzeptierten Ausdruck des transpersonalen Selbst" (ebenda, S. 177). Darüber hinaus setzt die „Verbindung von ‚Irdischem und Göttlichem' ... ein gewaltiges Potential an Kreativität frei, die Quelle pragmatischer wie spiritueller Inspiration" (Harman & Rheingold, 1987, S. 8).

Als einfache, wirksame und leicht zugängliche Methode des zuverlässigen und wirksamen Zugangs zum transpersonalen Selbst ist die Meditation anzusehen, doch ist dieser Weg nicht der einzige. Es existieren viele Skeptiker, die zwar neuesten technologischen Errungenschaften relativ unkritisch gegenüberstehen, aber gravierende Probleme haben, das ungeheure Potential zur Kenntnis zu nehmen, das die Natur der menschlichen ‚Biomaschine' mitgegeben hat. Viele Menschen zeigen deutlichen Widerstand, wenn man sie mit den Erfolgen der verschiedenen Entspannungstechniken konfrontiert. Im allgemeinen ist wenig Vertrauen in die angeborene Fähigkeit zur Selbstheilung des Körpers vorhanden. Man sucht lieber Hilfe außerhalb des eigenen Selbst. Vielleicht traut man sich selbst nicht genug zu und hat Angst, allein mit den eventuell ‚hochkommenden' Altlasten aus den Seelentiefen nicht fertig werden zu können (Bloomfield & Kory, 1980, S. 75 f.).

Ganz unbegründet sind die Vorbehalte und Ängste keineswegs. Nicht jeder angebotene Weg zur physischen und psychischen Stabilität ist eine reine Technik, sondern mit reichlich Weltverbesserungsgedanken befrachtet. Die Medien steuern ihr Scherflein bei, indem sie berechtigte Kritik an einzelnen – machtbesessenen Weltverbesserern und verantwortungslosen Rattenfängern – auf jeden ausdehnen, dessen Verfahren von der Norm abweicht. Oft wird alles in einen Topf geworfen, was aus Indien kommt. Das mangelnde Unterscheidungsvermögen und die entwaffnende Ahnungslosigkeit von außenstehenden Berichterstattern oder vermeintlichen Sachkennern haben schon manchem durch Fehlinformation die Möglichkeit zu eigenen und erfolgreichen Schritten verbaut (Müller-Elmau, 1977, S. 140).

Vielen Kritikern kann entgegengehalten werden, daß jeder einzelne selbst entscheiden kann, ob er eine Methode anwenden will, um ruhiger und gelassener zu werden oder ob er darüber hinaus eine neue Identität sucht. Faktum ist, daß die Techniken zur Gewinnung von Gelassenheit und Kreativität in der öffentlichen Diskussion heute gänzlich anders bewertet werden als noch vor Jahrzehnten und daß das Odium von Krankheit und Schwäche wohl weitgehend getilgt ist. Nicht von ungefähr praktizieren heute viele Führungspersonen regelmäßig eine der menschlichen Natur gemäßen Entspannungstechnik, um an der Entwicklung ihrer Persönlichkeit zum Positiven hin zu arbeiten. Dies ist ein guter Weg – er sollte von vielen *(allen)* gegangen werden. Da es offensichtlich nicht ohne willkürliches Anspannen und Anstrengen geht, wäre eine Entlastung und Loslösung mit ihren positiven Begleiterscheinungen doch das Nächstliegende. Gleichwohl darf man sich nicht sorglos einer Methode anvertrauen, sondern muß sorgfältig prüfen, ob sie nicht die restlose Aufgabe des Ich und das totale ‚Eintauchen' in die fremde Ideenwelt fordert bzw. bewirkt.

Kontrolle ist gut, Kreativität ist besser

An dieser Stelle will ich auf den Kontrollansatz zurückkommen, der für die Beurteilung menschlichen Verhaltens eine dominierende Rolle spielt. Es ist zum einen unbestreitbar, daß wir Menschen Kontrolle über unsere Lebenssituationen benötigen und daß wir darum kämpfen müssen, ein als notwendig erkanntes Maß an Kontrolle erwerben und aufrechterhalten zu können. Zum anderen ist es jedoch ebenso unzweifelhaft, daß viele von uns in zu starkem Maße und obendrein noch verkrampft um Kontrolle bemüht sind. Die Entspannungsübungen helfen mit, die Dinge nicht nur gelassener zu sehen, sondern tragen auch dazu bei, daß sich die Kontrollbedürfnisse auf einem vernünftigen Niveau einpendeln. Die so eingesparte Energie – ansonsten verwandt für Anstrengung, Anspannung, krampfhaftes Bemühen oder sogar Überforderung – wäre dann frei und würde schöpferische Tätigkeit möglich machen bzw. fördern.

Wir müssen umdenken. Es darf nicht sein, daß Mitarbeiter, die nicht von der Hektik und der Schnelligkeit infiziert sind, zumindest verbal diskriminiert werden. ‚Schnell ist gut' und ‚schneller ist immer besser als langsamer'. Diese Normen dringen über viele Kanäle in uns ein. Die Maschine, die die gleiche Menge in der halben Zeit produziert, ist unter wirtschaftlichem

Aspekt gesehen doppelt so gut wie die ältere, langsamere. Wenn man menschliche Werte unter wirtschaftlichem Gesichtspunkt bestimmt, dann lautet der häufig gezogene logische Schluß: Was für die Maschine gilt, das muß auch für den Menschen gelten. Es gibt eine Reihe von Gebieten, auf denen die Geschwindigkeitsnormen ihre Berechtigung haben. Aber sie dringen in die Poren unserer Lebenswelt ein und überformen unser gesamtes Denken, Fühlen, Wahrnehmen.

Auf einen einfachen Nenner gebracht: Wir benötigen umsichtige, gelassene Mitarbeiter – und wenn sie uns fehlen, dann müssen wir sie uns eben schaffen.

Allein von der Relevanz und den Bedingungen des Individuums für den kreativen Prozeß zu sprechen, ohne den Kontext gebührend zu beachten, wäre ein willkürlicher Ansatz, der eine Konsequenz unserer heutigen Spezialisierung im Beruf wäre. Solche separaten Betrachtungen können nur partiell Einsicht und Verständnis vermitteln. In unserem Fall sind es auch die Bedingungen, die geschaffen werden müssen, um es den umsichtigen, gelassenen Mitarbeitern möglich zu machen, ihr schöpferisches Potential zu entfalten. Die Aufmerksamkeit muß auch und gerade auf die umfassenderen Aspekte der Erziehung gerichtet werden. Die primären Fragen lauten:

– Toleriert die Kultur die Abweichungen von der Tradition und dem Status quo oder besteht sie auf Konformität – gleichermaßen in Politik, Wissenschaft, Schule und Wirtschaft?
– Gestattet die Kultur dem Individuum, neue Erfahrungen zu sammeln, oder sind die Edukatoren der Gesellschaft (Eltern, Lehrer, Ausbilder ...) darauf bedacht, daß die ihnen Anvertrauten konstant fertige Lösungen vorfinden?
– Bis zu welchem Grad akzeptieren oder belohnen und unterstützen somit die Entscheidungsträger die kreativen Erlebnisse der Schüler, Auszubildenden und Mitarbeiter?

Kreativitätsforscher fordern einen individuelleren und dynamischeren Unterricht, in dem Leistungs- und Konformitätsdruck auf ein Minimum beschränkt werden. Vorzugsweise ist es der „Konformitätsdruck, [der] dahin tendiert, *Motivationsarten* im Individuum hervorzurufen, die mit dem kreativen Prozeß unvereinbar sind" (Crutchfield, 1973, S. 155). Die Schüler sollen die Gewohnheit erwerben, mit Gewohnheiten zu brechen, sie sollen das Lernen und das Entdecken lernen. Dazu ist es erforderlich, die Einstellungen der Lehrer zu ändern: das divergierende Verhalten der Schüler ist zu belohnen, nicht das angepaßte Verhalten.

Kreativität ist nicht nur eine Frage des individuellen Einfallsreichtums, sondern tritt auch in sozialen Interaktionen auf. Nicht nur der spontane Einfall eines Schülers, Auszubildenden oder Mitarbeiters, sondern auch die Reaktionen des Lehrers, Ausbilders oder Vorgesetzten auf eine von den gewohnten und erwarteten Verhaltensnormen abweichende Handlung verlangen Kreativität. Es muß die Bereitschaft bestehen, sich auf ein Abenteuer mit vorher unbekannten Mitteln, einer neuen Technik oder mit unerwarteten Formen einzulassen – ein Abenteuer, das Einzigartigkeit betont und Konformität vermeidet.

Von Kopf bis Fuß – und nicht umgekehrt

Obwohl es keinem Zweifel unterliegt, daß die Führungskräfte mit gutem Beispiel vorangehen bzw. ihr Wohlwollen signalisieren müssen, sei dennoch die Frage erlaubt, warum gerade das Führungspersonal sein möglicherweise defizitäres Verhalten ändern soll. Warum fängt man nicht an der Basis an, beim Mitarbeiter, von dem die Ideen zu Verbesserungen kommen sollen? Der Mitarbeiter ist es ja, dessen kreatives Potential der Garant für die Zukunft des Unternehmens sein soll. Seine Ideen stehen doch am Anfang einer neuen oder andersartigen Leistung, die zu einem rationelleren betrieblichen Ablauf führt. Letztlich sind es die Ideen der Mitarbeiter, die das Überleben des Betriebes sichern. Tatsache ist, daß man auf Führungskräfte besonders schaut und von ihnen eine Vorbildfunktion erwartet. Wie negativ sich die Vorbildfunktion auswirken kann, wenn sie nicht richtig wahrgenommen wird, darüber berichtet der Duisburger Innovationsforscher Staudt: „Der Arroganz technokratischer Stäbe ist Zutrauen in die Fähigkeiten der Basis fremd. Sie huldigen einer Führungsphilosophie des Mißtrauens und finden ihr Pendant in einer identisch reagierenden Arbeitnehmervertretung" (Gottschall, 1984, S.26).

Obwohl die Schwierigkeiten erkannt sind, kann von einer Verhaltensänderung auf den Chefetagen nicht die Rede sein. Es gibt genug Unternehmen, die jener zentralistischen Arroganz des Wissens erlegen sind. Sie werden oft noch so geführt, wie es vor zwanzig, dreißig oder vierzig Jahren üblich war. Defizite auf dem Personalsektor geht man in vielen Unternehmen häufig mit ‚Lösungen' an, die in Wahrheit an den Problemen vorbeigehen. Man erhöht die Löhne, verbessert die Sozialleistungen, baut neue Toiletten. Doch das Verhalten der Führung ändert sich nur selten.

Fritz Walz, Unternehmensberater aus Nürnberg, hat in seiner Praxis ähnliche Erfahrungen gesammelt: „Die Literatur für das Management zur Förderung der Karriere mittels Strategie umfaßt Bibliotheken. Rhetorik, Personalmotivation, Personalführung, Konfliktmanagement, Transaktionsanalyse für Manager, Wege zum kooperativen Führungsstil sind gute Titel mit guten Absichten ... Auf alle Fragen gibt die Literatur Antwort, viele Bücher wurden sogar zu Ende gelesen, und oft bestand sogar beim Lesen die feste Absicht, sein Leben danach auszurichten. Was zurückbleibt, ist das schlechte Gewissen, daß die Ratschläge zwar einleuchten und plausibel klingen, der Leser sie in praxi aber nicht befolgt. Es ändert sich wenig in den Führungsetagen der Unternehmen und Verwaltungen" (1986, S. 882). Diese Differenz zwischen Wollen und Tun wird häufig als ein überwindliches Hindernis beklagt. Theo Sommer, Chefredakteur der ZEIT, hat das in einem Leitartikel einmal so formuliert: „Nichts fällt den Menschen schwerer als die Vorstellung, daß die Dinge sich ändern können ... Sie neigen dazu, Augenblicks-Konstellationen Ewigkeitswert zuzuschreiben" (1987, S. 1).

Andere sehen das Problem der Verhaltensänderung nicht so resignativ, sondern gehen daran, nach Lösungen zu suchen, um die offensichtlichen Defizite nicht noch größer werden zu lassen.

Die psychologische Forschung hat uns auf den Irrglauben von der Statik und Permanenz unserer psychologischen Beschaffenheit hingewiesen. Danach sind wir von Natur aus dynamisch und könnten ein breites Band von Verhaltensmöglichkeiten in Anspruch nehmen, wenn wir uns nicht selbst die Alternativen durch Vorurteile nehmen würden. Wenn die Ängste abgebaut werden und die Führungskräfte Vertrauen zu Neuerungen gewinnen können, die nicht von ‚oben' befohlen werden, dann kommt die Bereitschaft zur Änderung des Verhaltens von innen heraus. Das heißt, wir können das, was wir tun und was wir sind, nur verändern, wenn wir selbst beschließen, uns zu verändern. Bestätigung findet dieser Gedanke bei Marilyn Ferguson, die in diesem Zusammenhang ausführt: „Jeder von uns bewacht ein Tor zur Veränderung, das nur von innen her geöffnet werden kann" (1982, S. 128). Zu beachten ist jedoch: Wenn eine bestimmte Anschauung so tief in einem Menschen verwurzelt ist, daß sie seine Identität mitdefiniert, muß jeder Anschauungswandel zu einer erheblichen Umwälzung im Selbst führen. Richard Sennett rät deshalb: „Man soll die eigenen Überzeugungen engagiert vertreten und sie zugleich in einer Distanz zum Selbst halten, so daß man sie modifizieren kann, ohne dies als Verlust oder Gefährdung zu erleben" (1987, S. 321).

Negativerlebnisse mit der Verhaltensänderung von Führungskräften dürfen nicht davon abhalten, immer wieder auf die besondere Verantwortung dieser Gruppe hinzuweisen. Denn dadurch, daß die Mitarbeiter unter den Bedingungen der Umklammerung durch persönlichkeitsbetonte Verhaltensweisen geneigt sind, den Verhaltensstil des Vorgesetzten zu imitieren, zieht sich die Schwerfälligkeit der Verhaltensmodifikation häufig durch die gesamte Organisation (‚Wie der Herr, so sein Gescherr'!).

7. Übung macht auch den Distanz-Meister

Ein geeignetes Konzept zur Änderung traditionellen Identifikationsverhaltens sollte folgende Mindestvoraussetzungen erfüllen:
- Wirtschaftlichkeit (kein hohes Aufwands-/Ertragsverhältnis, wie es sich bei Individualunterweisungen ergeben würde),
- ,flächendeckende' Einsetzbarkeit (möglichst sämtliche Mitarbeiter erfassend),
- direktes Anknüpfen bei der psychologischen Bindung der Führungskräfte und Mitarbeiter.

Als erfolgversprechend bietet sich hier ein Konzept an, das von den sogenannten neuen Managementtheoretikern als entscheidender Faktor für den Unternehmenserfolg angesehen wird und Ausdruck von Verantwortlichkeit, Engagement und *Bindung* der Beschäftigten an den Betrieb ist (Neuberger & Kompa, 1986, S. 63): *die Unternehmenskultur*. Bezugspunkt ist die Gestaltung kultureller Elemente wie Geschichte, Riten und Visionen. Firmenkulturen sind die eigentliche Quelle für Handlungsenergie, sie wirken wie „Batterien, aus denen die Selbstmotivation und Selbstorganisation ihren ,Saft' erhält" (Gerken, 1988, S. 418). Eine geschickte Inszenierung dieser Unternehmenskultur, die das Typische und Einmalige eines Unternehmens ausmacht, vermag den Mitarbeitern ein Gefühl der Identität zu geben, ihre Bindung an etwas, das über ihre eigenen Interessen hinausgeht, zu stärken; Sinn zu stiften für Vorgänge, die nicht unmittelbar einsichtig sind; kurzum die Stabilität und Leistungsfähigkeit des Sozialsystems ,Unternehmen' zu bewahren.

Die gegenwärtig vertretenen Ansätze zur Gestaltung von Unternehmenskultur sind stark pragmatisch orientiert und entstanden aus Fallbeobachtungen oder unter Anlehnung an erprobte Beratungsprogramme aus der Organisationsentwicklung. Turnstall, der das personalstärkste US-Unternehmen (AT & T) beraten hat, schlägt drei Stufen vor, um eine bestehende Firmenkultur an die veränderte Situation anzupassen: 1. Analyse der bestehenden Kultur, 2. Trennung von Nützlichem und weniger Nützlichem und 3. Realisierung der geplanten Änderung. Unter besonderer Berücksichtigung der Distanzkomponente könnte ein kultureller Umgestaltungsprozeß in einem Unternehmen folgendes Aussehen haben:

(1) Analyse der bestehenden Kultur

Objekte der Analyse:
- Biographien der Gründer,
- Biographien herausragender Persönlichkeiten im Unternehmen,
- Biographien weltbekannter Persönlichkeiten,
- Biographien betrieblicher Innovateure,
- Unternehmenssprache (Gerd Gerken: „In der Sprachkultur von Firmen sitzt das, was man Firmengeist zu nennen pflegt", (1988, S. 157)),
- Anekdoten, Sprüche, Mythen, Geschichten, Witze und Slogans. Sie alle haben massiven Einfluß auf die Sinnvermittlung im Betrieb. „Führen wird ... zur Gestaltung der symbolhaft und sprachlich vermittelten Strukturen" (ebenda, S. 189),
- Unternehmensgrundsätze,
- Geschäftsberichte,
- Firmenzeitungen,
- Werbung,
- PR-Maßnahmen,
- Anzeigen zur Personalanwerbung,
- Betriebsfeste,
- Firmenjubiläen,
- Firmenlieder,
- Betriebskleidung,
- Anstecknadeln, Buttons,
- freiwillige soziale Leistungen (verbilligte Werkswohnungen, zinsloses Darlehen, zusätzliches Urlaubsgeld ...),
- Anweisungen zu Betriebsabläufen.

Die primäre Aufgabe der Analyse besteht darin, Distanzelemente in der Sprache, in Schriften oder sonstigen Überlieferungen, im sozialen und symbolischen Bereich zu identifizieren. Da eine Unternehmenskultur von innen aus den Überzeugungen der Mitarbeiter heraus wachsen muß, ist es empfehlenswert, wenn die Mitarbeiter aktiv an diesem Prozeß beteiligt werden. Die Schaffung von Firmenkultur ist nicht als rein technokratisches Systemmanagement zu begreifen. Ansonsten würde wiederum eine platte Fremdidentifikation forciert, die nur als zusätzlicher Funktionszwang erlebt würde.

(2) *Trennung von Nützlichem und weniger Nützlichem*

Welche Elemente sind *störend* in der bestehenden Firmenkultur?
Beispiele:
- die Forcierung der starken emotionalen Bindung an den Betrieb,
- das Festhalten am Bestehenden, Überlieferten,
- die Auffassung, Innovationen seien außerordentliche oder heldenhafte Leistungen:

Welche Elemente sind *fördernd*?
Beispiele:
- die distanzierte Hingabe (wohlwollende Distanz) zum Betrieb,
- die Bereitschaft, zum Gestrigen, Überkommenen in Distanz zu treten,
- die Innovationsorientierung als gesund, normal und notwendig zu betrachten. Das Neue als Chance, nicht als Gefahr zu sehen.

Die Suche nach Distanz im Werden und Wirken eines bestimmten Unternehmens und seiner Personen wird erfolgreich sein. Die in der Literatur existierende Fülle von Distanzspuren und ihrer Auswirkungen in allen nur erdenklichen Lebens- und Arbeitsbereichen ist derart überwältigend, daß man sicher davon ausgehen kann, genügend Distanzelemente aufzuspüren, um den Hebel ansetzen zu können.

(3) *Realisierung der geplanten Änderung*

(Gestaltung der Unternehmenskultur)

Um einem potentiellen Mißverständnis entgegenzuwirken: Die Firmengeschichte soll nicht neu geschrieben werden, und Betriebsorchester, Betriebsfeste, Betriebsvereine und die freiwilligen sozialen Leistungen sollen nicht abgeschafft werden. Ihre Existenz soll lediglich unter dem Gesichtspunkt von Distanz neu analysiert und bewertet werden. Zu den wesentlichen diesbezüglichen Fragen gehören:

- *Warum* existieren unsere Betriebsfeste/Firmenlieder ...? Dienen sie mehr oder weniger dazu, die Mitarbeiter auf den Betrieb und seine Traditionen einzuschwören?
- *Welchem Zweck* dienen Betriebskleidung/Ansteckenadeln/Buttons ...? Dienen sie einem anderen Zweck als dem der Identifikationsförderung?

Bei der Beantwortung dieser Fragen sind Ergebnisse zu erwarten, die für die Mitarbeiter und für die Führungskräfte überraschend sein werden und die das Denken über Corporate Identity und Identifikation im Unternehmen entscheidend beeinflussen können. Gemeinhin werden der Firmengründer und andere herausragende Persönlichkeiten so präsentiert, als ob sie ihre Erfolge ausschließlich dadurch erzielt hätten, daß sie vollständig mit ihrer Arbeit identifiziert waren. Dabei wird nicht gesehen, daß gerade diese totale Bindung auch kontraproduktive Folgen hatte, die dann durch Glück und Zufall neutralisiert wurden. Rudolf Diesel und Ray Kroc (McDonald's) sind zwei Beispiele dafür.

Eine Neubewertung der betrieblichen Unternehmenskultur unter dem Gesichtspunkt der Förderung schöpferischer Distanz wird in dieser dritten Phase im Unternehmen bekanntgemacht und diskutiert. Als Gestaltungsprogramm kommt in Betracht:

– Informationskampagne (z. B. Artikelserie in der Firmenzeitschrift),
– gezielte Gespräche der Vorgesetzten mit ihren Mitarbeitern,
– firmenweite Seminare für die Führungselite,
– Aufnahme des Distanzaspekts ins Managementhandbuch und in die Unternehmensgrundsätze,
– Formulierung und Visualisierung der neuen Ziele (das Neue als Chance, nicht als Gefahr sehen),
– Belohnungsritual bei herausragenden Beispielen für das neue Verhalten.

Verfestigte Unternehmenskulturen erweisen sich häufig als äußerst resistent gegen Veränderungen. Führungskräfte und Mitarbeiter stehen Anpassungen skeptisch gegenüber, weil sie aufgrund von Investitionen in der Herausbildung bewährter Routinen und Machtpositionen keine Änderung wollen. Von daher empfiehlt es sich, behutsam vorzugehen. Die Beteiligung der Mitarbeiter mit ihren Interessenlagen am gesamten Änderungsprozeß gehört dazu. Gerd Gerken: „Wenn Firmenkulturen Sinn produzieren sollen, können sie nicht ohne Konsens entwickelt werden, sonst werden sie zu patriarchalischen Altstrategien im neumodischen Gewand" (1988, S. 332). Es muß im Gesamtunternehmen, nicht nur in einigen wenigen Köpfen, die Überzeugung herrschen, daß die neue Firmenkultur das beste Mittel zur Erhaltung und Weiterführung des Unternehmens ist und daß sie das Fundament für die Sicherheit der Arbeitsplätze und den Erfolg aller bildet.

Bei einem derart sensiblen Thema, das leicht mißverstanden werden kann, will ich noch einmal auf folgendes hinweisen: Es geht nicht darum, gewachsene Strukturen zu zerstören, sondern es geht um eine Neuorientierung, zu der die Frage gehört; Warum existiert dieses oder jenes Element unserer Unternehmenskultur? Aus den Bedürfnissen der Beschäftigten heraus – oder aus unternehmenspolitischen Erwägungen zur Förderung der Bindung an das Unternehmen und seine Traditionen? Das wird nicht immer leicht zu trennen sein – doch ist es einen Versuch wert, zumal die ‚distanzierte Hingabe' des Kreativen als eine Form des gesteigerten Einsatzes für Unternehmensziele zu begreifen ist.

Welch ein großartiger Erfolg wäre es, wenn der mentale Emigrant (9, 10-Typ) und der Freizeitmaximierer (7, 8-Typ) wieder an das Unternehmen herangeführt würden und der Betriebsblinde (1, 2,3-Typ) den kritischkonstruktiven Abstand des produktiven Querdenkers (4, 5, 6-Typ) gewinnen würde? Jetzt könnte der Beweis erbracht werden, wie ernst es die Unternehmensleitungen mit der Aktivierung der kreativen Energie meinen, die in den Mitarbeitern weitgehend ungenutzt existiert. Die gebündelte Energie der schöpferischen Talente könnte ungehindert fließen, individuelles Unternehmertum würde sich Bahn brechen. Es darf nicht nur ein Lippenbekenntnis sein, wenn es heißt, daß darin unsere ganz große Chance liegt. Die Karten werden in der Wirtschaft auf fast allen Sektoren zur Zeit neu gemischt, Japan erscheint den Unternehmern wie ein bedrohliches Gespenst. Wollen wir Japan mit seinen hyper-konformistischen Mitarbeitern (1, 2, 3-Typ) nachahmen, die blind vor Begeisterung zu ihrem Unternehmen sind? Besser wäre es, einen eigenen Weg zu gehen, fort von diesem Denken des ‚right or wrong – my company'. Die gezähmte Kreativität der Erfolgsorientierten hat nicht die Vitalität und Durchschlagskraft, die den unbekümmerten Schöpfergeist der Unabhängigen auszeichnet. Die Förderung dieses nonkonformistischen, kreativen Querdenkers und Durchblickers wäre ein ganz entscheidender Schritt in die richtige Richtung. In die Richtung nämlich, die in die Zukunft weist.

Anhang

Erhebungsbogen 1 (EB1)

I. Teil

1. Kennen Sie Mitarbeiter Ihres Betriebes, die mit dem Unternehmen total identifiziert sind?
   ❏ ja   ❏ nein

2. Wenn Sie bei 1. mit ja geantwortet haben:
   Wie viele der Betriebsangehörigen sind nach Ihrer Schätzung mit dem Unternehmen total identifiziert?
   ❏ ca. jeder Zehnte   ❏ ca. jeder Fünfte
   ❏ ca. jeder Vierte   ❏ ca. jeder Dritte
   ❏ ca. jeder Zweite   ❏ jeder einzelne

   eigene Antwort: _____

3. Beschreiben Sie mit Ihren eigenen Worten einige typische Eigenschaften dieser Mitarbeiter, die sich mit ihrem Unternehmen total identifizieren!

   _____
   _____
   _____

   Falls der Platz hier nicht reicht, schreiben Sie auf der Rückseite weiter! Das gilt auch für die anderen Fragen.

4. Haben Sie persönlich das Gefühl, daß diese total identifizierten Mitarbeiter neue Ideen in den ‚Laden' bringen?
   ❏ ja, gerade diese Leute haben viele gute Ideen
   ❏ diese Leute unterscheiden sich hinsichtlich neuer Ideen nicht wesentlich von den anderen
   ❏ nein, gerade diese Leute bringen keine neuen Ideen in den ‚Laden'. Sie wünschen in besonderer Weise, daß alles beim alten bleibt

   eigene Antwort: _____
   _____
   _____

5. Wie steht es nach Ihrer Meinung mit den Mitarbeitern, die eine sehr große Distanz zu ihrem Unternehmen haben?
   - ❏ gerade diese Leute haben viele gute Ideen
   - ❏ diese Leute unterscheiden sich hinsichtlich neuer Ideen nicht wesentlich von den anderen
   - ❏ gerade diese Leute bringen keine neuen Ideen in den ‚Laden'; sie wünschen in besonderer Weise, daß alles beim alten bleibt

   eigene Antwort: _____

   _____

6. Haben Sie persönlich den Eindruck, daß der Chef/die Chefin bzw. die Geschäftsleitung des Unternehmens, in dem Sie arbeiten, gesteigerten Wert darauf legt, daß sich die Mitarbeiter total mit ihrem Unternehmen identifizieren?
   - ❏ ja
   - ❏ nein

   eigene Antwort: _____

7. Warum ist das in Ihrem Unternehmen so?

   _____

   _____

8. Sind nach Ihrer Einschätzung Verbesserungsvorschläge in Ihrem Betrieb erwünscht?
   - ❏ ja, sehr erwünscht
   - ❏ ja, doch kommt es auf den Einzelfall an
   - ❏ wohl kaum erwünscht
   - ❏ nein, nicht erwünscht
   - ❏ es ist gefährlich, Ideen zu äußern, da man leicht als Meckerer bzw. als unzufrieden abgestempelt werden kann

9. Wären neue Ideen für Ihren Betrieb notwendig?
   - ❏ ja, wären dringend notwendig
   - ❏ ja, notwendig
   - ❏ nein, es werden schon viele neue Ideen im Unternehmen verwirklicht

II. Teil

1. Sie kennen all die Mitarbeiter, die gute Ideen haben, die dem Unternehmen Nutzen bringen können. Beschreiben Sie mit Ihren eigenen Worten einige typische Merkmale dieser Mitarbeiter.

   _____

   _____

   _____

2. Die Personen, die Sie sich gerade vorgestellt haben, haben einen gefühlsmäßigen Abstand zu ihrem Unternehmen. Man spricht auch von psychologischer Distanz. Wie groß bzw. wie klein ist dieser Abstand Ihrer Meinung nach?

Mitarbeiter	10	9	8	7	6	5	4	3	2	1	0	Unternehmen

   Beispiele:
   Kreuz bei 0 bedeutet: Ganz enge Bindung an das Unternehmen
   Kreuz bei 5 bedeutet: Mittlere Bindung an das Unternehmen
   Kreuz bei 10 bedeutet: Nahezu keinerlei Bindung an das Unternehmen.
   Kennzeichnen Sie bitte die Stelle! Kreuzen Sie dazu eines der Kästchen an!

3. Wenn diese Mitarbeiter mit den guten Ideen von ihrem Unternehmen sprechen – mit welchem Gefühl tun sie das?
   ❑ sehr warm und angenehm
   ❑ geschäftsmäßig; interessiert, aber nicht begeistert
   ❑ ein Mißverständnis, nicht besonders gefühlsbetont
   ❑ eher kühl
   ❑ kommt darauf an, ob ihre Ideen akzeptiert werden

   eigene Antwort: _____

   _____

   _____

Erhebungsbogen 2 (EB 2)

1. Wenn der psychologische Abstand, den Sie zu Ihrem Unternehmen *in seiner Gesamtheit* haben, auf einer Skala symbolisch dargestellt würde und das eine Ende Sie persönlich und das andere Ende das Unternehmen in seiner Gesamtheit wäre – wie würde das aussehen?
Kennzeichnen Sie den psychologischen Abstand, den Sie zu Ihrem Unternehmen insgesamt haben!

Sie persönlich	10	9	8	7	6	5	4	3	2	1	0	Unternehmen

   0 bedeutet: Ich identifiziere mich total mit meinem Unternehmen in seiner Gesamtheit
   10 bedeutet: Ich fühle mich überhaupt nicht mit meinem Unternehmen in seiner Gesamtheit verbunden

2. Diesmal geht es nicht um Ihren Betrieb in seiner Gesamtheit, sondern um einen Teilaspekt, nämlich die *soziale Welt* des Betriebes. Mit sozialer Welt sind die Menschen in Ihrem Betrieb gemeint mit ihren Meinungen, ihrem Verhalten und ihren Beziehungen zueinander.

   a) Kennzeichnen Sie den psychologischen Abstand, den Sie zu Ihren gleichgestellten *Kollegen* Ihrer Arbeitsgruppe haben!

Sie persönlich	10	9	8	7	6	5	4	3	2	1	0	Die Kollegen Ihrer Arbeitsgruppe

   0 bedeutet: Ich identifiziere mich total mit den Kollegen meine Arbeitsgruppe
   10 bedeutet: Ich fühle mich überhaupt nicht mit den Kollegen meiner Arbeitsgruppe verbunden

   b) Kennzeichnen Sie den psychologischen Abstand, den Sie zu Ihrem *Vorgesetzten/Ihrer Vorgesetzten (Chef/Chefin)* haben!

Sie persönlich	10	9	8	7	6	5	4	3	2	1	0	Ihr(e) Vorgesetzte(r) Ihr(e) Chef/Chefin

   0 bedeutet: Ich identifiziere mich total mit meinem Vorgesetzten/meiner Vorgesetzten (Chef/Chefin)
   10 bedeutet: Ich fühle mich überhaupt nicht mit meinem Vorgesetzten/meiner Vorgesetzten (Chef/Chefin) verbunden

3. Jetzt geht es um die *symbolische Welt* des Betriebes. Beispiele der symbolischen Welt des Betriebes sind:
   - Art der Ehrungen von Mitarbeitern (z. B. die goldene Uhr zum Jubiläum),
   - Betriebsfeste,
   - Normen des Unternehmens,
   - Mythen und Legenden, die sich um ehemalige Mitarbeiter/Chefs ranken,
   - Traditionen des Unternehmens,
   - herrschende Meinungen im Unternehmen u. ä.

   Kennzeichnen Sie den psychologischen Abstand, den Sie zu der symbolischen Welt Ihres Unternehmens haben!

Sie persönlich	10	9	8	7	6	5	4	3	2	1	0	Symbolische Welt Ihres Unternehmens

   0 bedeutet: Ich identifiziere mich total mit der symbolischen Welt meines Unternehmens

   10 bedeutet: Ich fühle mich überhaupt nicht mit der symbolischen Welt meines Unternehmens verbunden

4. Nun zu Ihnen persönlich und zur Einschätzung Ihrer *beruflichen Fähigkeiten*.
   Kennzeichnen Sie den psychologischen Abstand, den Sie von sich selbst und Ihren beruflichen Fähigkeiten haben!

Sie persönlich	10	9	8	7	6	5	4	3	2	1	0	Ihre berufliche Kompetenz

   0 bedeutet: Ich fühle mich total mit mir und meinen beruflichen Fähigkeiten identifiziert

   10 bedeutet: Ich fühle mich überhaupt nicht von mir und meinen beruflichen Fähigkeiten überzeugt

5. Wie beurteilen Sie folgende Aussagen?
   a) Ich habe Ideen zu Verbesserungen im Unternehmen, die man als *kleine* Verbesserungsvorschläge bezeichnen könnte
   ❑ Ich habe häufig solche Ideen
   ❑ Ich habe manchmal solche Ideen
   ❑ Ich habe selten solche Ideen
   ❑ Ich habe solche Ideen eigentlich nie
   ❑ Ich halte nichts von Veränderungen im Unternehmen
   Kreuzen Sie bitte an!

b) Ich habe Ideen zu Verbesserungen im Unternehmen, die man als *große* Verbesserungsvorschläge bezeichnen könnte, die also einschneidende Verbesserungen bewirken können
- ❏ Ich „bastele" gedanklich häufig an solchen großen Konzepten (z. B. Umorganisation einer gesamten Abteilung)
- ❏ Ich „bastele" manchmal an solchen großen Konzepten
- ❏ Ich „bastele" ganz selten an solchen großen Konzepten
- ❏ Ich „bastele" eigentlich nie an solchen großen Konzepten

Kreuzen Sie bitte an!

6. Ich habe den Eindruck, daß ich
   - ❏ dem Unternehmen total „einverleibt" werden soll
   - ❏ im Unternehmen häufig nicht genug „Luft zum Atmen" habe
   - ❏ im Unternehmen manchmal nicht genug „Luft zum Atmen" habe
   - ❏ im Unternehmen nur selten genug „Luft zum Atmen" habe
   - ❏ im Unternehmen eigentlich immer genug „Luft zum Atmen" habe

   Kreuzen Sie bitte an!

Weitere Angaben:
- ❏ männlich
- ❏ weiblich

Selbstbeurteilunsskala zur Messung der Identifikationsstärke: SEMI

I. Anleitung

Sie werden in dieser Selbstbeurteilungsskala eine Reihe von Aussagen über bestimmte Verhaltensweisen und Einstellungen finden, die direkt oder indirekt Ihre Situation im Unternehmen betreffen. Sie können jede Aussage entweder mit „stimmt" oder mit „stimmt nicht" beantworten. Setzen Sie bitte ein Kreuz (x) in das dafür vorgesehene Kästchen.

Es gibt keine richtigen oder falschen Antworten, antworten Sie bitte so, wie es für Sie zutrifft, und beachten Sie dabei folgende Punkte:

- Die Selbstbeurteilungsskala ist ausschließlich für Sie gedacht. Nur Sie kennen die Auswertung und die dazugehörende Interpretation. Von daher entfällt für Sie die Überlegung, welche Antwort vielleicht den ‚besten Eindruck' machen könnte.
- Überlegen Sie bitte nicht zu lange beim Ankreuzen, sondern geben Sie die Antwort, die Ihnen unmittelbar in den Sinn kommt. Es ist selbstverständlich, daß in den Sätzen nicht alle Besonderheiten berücksichtigt werden. Vielleicht passen deshalb einige nicht gut auf Sie. Kreuzen Sie dennoch immer eine Antwort an, und zwar die, welche noch am ehesten für Sie zutrifft!

II. Durchführung

1. Ich habe in der letzten Zeit im Unternehmen* keine richtig guten Ideen
   ❑ stimmt   ❑ stimmt nicht

2. Ich blicke nicht richtig durch, wie sich die Dinge im Unternehmen entwickeln
   ❑ stimmt   ❑ stimmt nicht

---

* Anstelle von Unternehmen können Sie auch jede andere Organisationsform nehmen, in der Sie tätig sind.

3. Irgendwie ist die Entwicklung im Unternehmen über mich hinweggegangen – ich fühle, daß das Spiel an mir vorbeiläuft
❏ stimmt ❏ stimmt nicht

4. Ich rede mit Freunden und auch zu Hause sehr viel über den Betrieb
❏ stimmt ❏ stimmt nicht

5. Ich habe das Gefühl, daß mich nichts anderes so stark in Anspruch nimmt wie der Betrieb
❏ stimmt ❏ stimmt nicht

6. Betriebliche Traditionen geben mir nichts
❏ stimmt ❏ stimmt nicht

7. Das Unternehmen, in dem ich arbeite, sollte mir das Gefühl von Heimat vermitteln können
❏ stimmt ❏ stimmt nicht

8. Ich bin privat fast nie mit Leuten aus meinem Unternehmen zusammen
❏ stimmt ❏ stimmt nicht

9. Ich ertappe mich häufig dabei, wie ich meinen Betrieb als Muster für andere Betriebe ansehe
❏ stimmt ❏ stimmt nicht

10. Betriebliche Gepflogenheiten übernehme ich gern auch privat
❏ stimmt ❏ stimmt nicht

11. Ich argumentiere häufig – obwohl ich selbst Arbeitnehmer bin – aus der Position des Unternehmers heraus
❏ stimmt ❏ stimmt nicht

12. Wenn der Betrieb kritisiert wird, fühle ich mich persönlich angegriffen
❏ stimmt ❏ stimmt nicht

13. Vor betrieblichen Veranstaltungen drücke ich mich gern
❏ stimmt ❏ stimmt nicht

14. Ich bin stolz darauf, Mitarbeiter meines Unternehmens zu sein
❏ stimmt ❏ stimmt nicht

15. Der Betrieb, in dem ich mich wohlfühle, sollte den Anspruch erheben, wie eine große Familie geführt zu sein
❏ stimmt ❏ stimmt nicht

16. Manchmal denke ich: Wenn mir plötzlich etwas zustößt, dann wäre dies ein schwerer Schlag für das Unternehmen
❏ stimmt ❏ stimmt nicht

17. In welchem Unternehmen ich mein Geld verdiene, ist mir egal
❏ stimmt ❏ stimmt nicht

18. Den Jahresurlaub würde ich am liebsten zusammen mit meinen Arbeitskollegen machen wollen
❏ stimmt ❏ stimmt nicht

19. Ich bewerte Betriebstreue wesentlich höher als häufigen Wechsel
❏ stimmt ❏ stimmt nicht

20. Wenn der psychologische Abstand, den Sie zu Ihrem Unternehmen haben, auf einer Skala symbolisch dargestellt würde und das eine Ende Sie und das andere Ende Ihr Unternehmen wäre – wie würde das aussehen?
Kennzeichnen Sie Ihre Position mit einem Kreuz!
Lesen Sie vorher jedoch die Beispiele durch!

Sie persönlich	0	1	2	3	4	5	6	7	8	9	10	Ihr Unternehmen

Beispiele:
Ihr Kreuz bei 10 bedeutet: Ich fühle mich sehr eng an das Unternehmen gebunden
Ihr Kreuz bei 1 bedeutet: Ich fühle mich nur minimal an das Unternehmen gebunden
Ihr Kreuz bei 0 bedeutet: Das Unternehmen ist mir vollkommen gleichgültig.

Bitte, prüfen Sie, ob Sie auch sämtliche Punkte bearbeitet haben!

Die Auswertungshinweise finden Sie auf Seite 166 f. Schauen Sie dort bitte erst dann nach, wenn Sie die Selbstbeurteilungsskala vollständig ausgefüllt haben.

III. Auswertungs- und Interpretationshinweise

Die SEMI ist eine Selbstbeurteilungsskala zur Messung der Stärke Ihrer Identifikation mit ‚Ihrem' Unternehmen (oder jeder anderen Organisationsform). Je mehr Punkte Sie sammeln, desto stärker sind Sie mit Ihrem Unternehmen identifiziert. Da bisher noch keine genügend großen Eichstichproben existieren, gibt es auch keine tabellierten Werte, an denen Sie den relativen Grad Ihrer Bindung an das Unternehmen ablesen können. Dennoch existieren aufgrund einer intensiv befragten Stichprobe (n = 100) Anhaltswerte, die die Tendenz Ihrer Bindung(sbereitschaft) an Ihr Unternehmen deutlich machen werden.

1.

Auswertung	Punkte für	
Aussage Nr.	stimmt	stimmt nicht
4	1	0
5	1	0
6	0	1
7	1	0
8	0	1
9	1	0
10	1	0
11	1	0
12	1	0
13	0	1
14	1	0
15	1	0
16	1	0
17	0	1
18	1	0
19	1	0

2. Die ersten 3 Aussagen sollten lediglich Ihre Neugier wecken und Ihre Bereitschaft erhöhen, die SEMI auszufüllen.

3. Interpretationshinweise
   0–3 Punkte: zu lockere Bindung an das Unternehmen
   4–9 Punkte: mittlere Bindung an das Unternehmen
   10 oder mehr Punkte: zu enge Bindung an das Unternehmen

4. Vergleichen Sie die Interpretation Ihrer persönlichen Bindung an Ihr Unternehmen mit der Skala von Nr. 20. Bei gravierenden Abweichungen lesen Sie bitte noch einmal die Anleitung zur Durchführung und gehen die einzelnen Aussagen 4–19 durch.

Literaturverzeichnis

AMMELBURG, G.: Die Unternehmenszukunft, Freiburg i. Br. 1985
BAYES, M./NEWTON, P. M.: Frauen an der Macht. Zitiert bei: O. V.: Karriere: Alles beim Alten?, in: Psychologie heute Special. Thema Frauen, 1989. Heft 2, S. 49 f.
BLOOMFIELD, H.H./KORY, R.: Das Glückspotential, Bielefeld 1980
CHARLES-ROUX, E.: Coco Chanel. Ein Leben, Frankfurt 1991
CRUTCHFIELD, R. S.: Schädliche Auswirkungen von Konformitätsdruck auf kreatives Denken, in: Ulmann, G. (Hrsg.): Kreativitätsforschung, Köln 1973, S. 155–163
DICHTER, E.: Überzeugen, nicht verführen. Düsseldorf/Wien 1971
DIDEROT, D.: Paradox über den Schauspieler, Frankfurt 1964
DIESEL, E.: Diesel. Der Mensch, das Werk, das Schicksal, München 1983
DIESEL, E.: Rudolf Diesel, in: Diesel, E./Goldbeck, G./Schildberger, F. (Hrsg.): Vom Motor zum Auto, Stuttgart 1957, S. 205–255
DRUCKER, P. F.: Innovations-Management für Wirtschaft und Politik, Düsseldorf/Wien, 2. Auflage, 1985
FABIAN, R.: Der Gott aus der Maschine, München 1974
FERGUSON, M.: Die sanfte Verschwörung, München 1982
FLAAKE, K.: Nur nicht nach den Sternen greifen oder: Die falsche Bescheidenheit der Frauen in der Öffentlichkeit, in: Psychologie heute Special. Thema Frauen, 1989, Heft 2, S. 78–81
FOLLATH, E.: Das Märchen vom Super-Staat, in: Sonderteil zum Stern Nr. 40 vom 24. 9. 1981, S. 24–28
FRENCH, M.: Jenseits der Macht. Frauen, Männer und Moral, Reinbek bei Hamburg 1988
FROMM, E.: Die Kunst des Liebens, Gütersloh 1980
GANZ, D.: Verbesserungsvorschläge im Betrieb. Eine soziologische Untersuchung über das betriebliche Vorschlagswesen in zwei Industriebetrieben, Diss. Mannheim 1962
GAUGLER, E. (HRSG.): Handwörterbuch des Personalwesens, Stuttgart 1975
GERKEN, G.: Der neue Manager, Freiburg i. Br., 2. Auflage, 1988
GERKEN, G.: Management by Love, Düsseldorf/Wien/New York 1990
GOTTSCHALL, D.: Lernen an der gemeinsamen Aufgabe, in: Management Wissen 1984, Heft 9, S. 14–27
HAFFNER, S.: Helden und Heldenverehrung, in: Haffner, S.: Im Schatten der Geschichte, München 1987, S. 201–205
HARMAN, W./RHEINGOLD, H.: Die Kunst, kreativ zu sein, Bern/München/Wien 1987
HARRAGAN, B. L.: Games Mother Never Taught You: Corporate Gamesmanship for Women, New York 1978
HAX, K.: Grundfragen der betrieblichen Personalpolitik, in: Zeitschrift für Betriebswirtschaft 1961, S. 721–732
HEIDACK, C./BRINKMANN, E. P.: Betriebliches Vorschlagswesen, Band II: Fortentwicklung zum Ideenmanagement durch Motivation und Gruppen, Freiburg i. Br. 1984
HENNIG, M./JARDIM, A.: Frau und Karriere, Reinbek bei Hamburg 1987
HESSE, H.: Lektüre für Minuten, Frankfurt 1982
IACOCCA, L./KLEINFIELD, S.: Mein amerikanischer Traum. Talking Straight, Düsseldorf/Wien/New York 1988

IACOCCA, L./NOVAK, W.: Iacocca – Eine amerikanische Karriere, Frankfurt 1987
JENNINGS, G.: Marco Polo. Der Besessene. Band I: Von Venedig zum Dach der Welt, Frankfurt 1987
JUNGBLUT, M.: Die Zukunft in kaltem Griff, in: Zeitmagazin Nr. 5 v. 29. 1. 1982, S. 27 f.
KALTENBACH, H.: Die Situation der Frauen innerhalb der Alterssicherungssysteme, in: Die Angestelltenversicherung 1988, Heft 7/8, S. 287–294
KESTEN, H.: Copernicus und seine Welt – Biographie, München 1973
KETTERINGHAM, J. M./NAYAK, P. R.: Senkrechtstarter. Große Produktideen und ihre Durchsetzung, Düsseldorf 1989
LAUSTER, P.: Wege zur Gelassenheit. Die Kunst, souverän zu werden, Düsseldorf/Wien, 6. Auflage, 1987
LITTEK, W./RAMMERT, W./WACHTLER, G. (HRSG.): Einführung in die Arbeits- und Industriesoziologie, Frankfurt/New York 1982
LODEN, M.: Als Frau im Unternehmen führen, Freiburg i. Br. 1988
LOVE, J. F.: Die McDonald's Story. Anatomie eines Welterfolges, München, 2. Auflage, 1988
LÜDERS, W.: Symbiose und Separation, in: Psyche 1975, Heft 12, S. 1057–1077
LUTHE, H. O.: Distanz. Untersuchungen zu einer vernachlässigten Kategorie, München 1985
MACCOBY, E./JACKLIN, C. N.: The Psychology of Sex Differences, Stanford University Press 1974
MARTIN, M. S.: Was ist Motivation?, in: Bio 1989, Heft 1, S. 90–92
MARTIN, T.: Fabrik mit Zukunft, in: Management Wissen 1988, Heft 9, S. 78–80
MAURY, R.: Die japanischen Manager, Wiesbaden 1991
MCCORMACK, M. H.: Was im Business wirklich zählt, Düsseldorf/Wien/New York 1989
MILBANK, C. R.: Couture. Glanz und Geschichte der großen Modeschöpfer und ihrer Creationen, Köln 1986
MITSCHERLICH, M.: Das Ende der Vorbilder, München 1986
MORITA, A./RHEINGOLD, E. M./SHIMOMURA, M.: Made in Japan. Eine Weltkarriere, München 1988
MORLIN, J.: Das Vorschlagswesen in Japan – Ergebnis einer Studienreise, in: Betriebliches Vorschlagswesen 1983, Heft 4, S. 157–172
MUELLER, R. K.: Das Management der Innovation, Frankfurt/New York 1973
MÜLLER-ELMAU, B.: Kräfte aus der Stille. Die Transzendentale Meditation, Düsseldorf/Wien 1977
NADOLNY, S.: Die Entdeckung der Langsamkeit, München, 4. Auflage, 1985
NEUBERGER, O./KOMPA, A.: Das Gesicht der Firma, in: Psychologie heute 1986, Heft 6, S. 60–68 (a)
NOELLE-NEUMANN, E./STRÜMPEL, B.: Macht Arbeit krank? Macht Arbeit glücklich?, München/Zürich, 2. Auflage, 1985
NUBER, U.: Gefühlsarbeit, in: Psychologie – heute – Redaktion (Hrsg.): Arbeit: Die seelischen Kosten (Thema: Arbeit und Psyche), Weinheim/Basel 1988, S. 75–94
O. V.: Wo neue Einfälle herkommen, in: Management Wissen 1985, H. 12, S. 68
PETERS, T. J./WATERMAN, R. H.: Auf der Suche nach Spitzenleistungen, Landsberg 1986
REYKOWSKY, J.: Psychologie der Emotionen, Donauwörth 1973
RIESMAN, D./DENNEY, R./GLAZER, N.: Die einsame Masse, Reinbek bei Hamburg 1966

RINNE, O.: Und wer küßt mich, fragt die Muse. Frauen finden ihre eigene Kreativität, Zürich 1989
RODDICK, A.: Body and Soul, Düsseldorf u. a. 1991
ROSA, K. R.: Das ist Autogenes Training, München 1973
ROSENSTIEL, L. VON: Führungskräfte nach dem Wertewandel: Zielkonflikte und Identifikationskrisen?, in: zfo 1986, Heft 2, S. 89–96
SCHLICKSUPP, H.: Kreative Ideenfindung in der Unternehmung, Berlin/New York 1977
SCHMIDT, M.: Der Preis des Erfolgs oder: Lohnt sich Karriere?, in: Psychologie heute Spezial. Thema Frauen, 1989, Heft 2, S. 18–22
SCHON, D. A.: Technology and Change, New York 1967
SCHULTZ, J. H.: Das autogene Training, Stuttgart, 13. Auflage, 1970
SENNETT, R.: Verfall und Ende des öffentlichen Lebens. Die Tyrannei der Intimität, Frankfurt 1987
SEYMOUR, J.: Und dachten, sie wären die Herren, München 1984
SOLIMAN, P.: Coco. Das Leben der Coco Chanel, München 1992
SOMMER, T.: Der kalte Krieg – ein abgeschlossenes Kapitel, in: Die Zeit Nr. 51 vom 11. 12. 1987, S. 1
SPRENGER, R.K.: Mythos Motivation, Frankfurt/New York, 2. Auflage, 1992
SPRENGER, R. K.: Vom Glauben an die Motivation, in: Management Wissen 1989, Heft 1, S. 88–93
STOKVIS, B./WIESENHÜTTER, E.: Der Mensch in der Entspannung, Stuttgart 1961
THUM, W.: Empirische Studie zu den innerbetrieblichen Einflußfaktoren des Betriebsklimas, Diss. Freiburg/Schweiz 1971
TRENKER, L.: Bergwelt – Wunderwelt, Gütersloh o. J.
VOLMERG, U.: Identität und Arbeitserfahrung. Eine theoretische Konzeption zu einer Sozialpsychologie der Arbeit, Frankfurt 1978
WALZ, F.: Besser führen? Im Erleben Veränderung lernen, in: Der Arbeitgeber 1986, Heft 21, S. 882–886
WARNECKE, H.-J.: Was wird aus dem Menschen, in: Bild der Wissenschaft 1987, Heft 9, S. 120 (Diskussionsbeitrag)
WEBER, D.: Der Chef als Coach, in: Management Wissen 1986, Heft 10, S. 13–26
WEBER, W.: Das Identifikationsphänomen und seine Bedeutung als Determinante menschlichen Verhaltens in Organisationen, Diss. Mannheim 1971
WESSER, W./GRUNWALD, W.: Das Dilemma der Führung, in: Harvard manager 1985, Heft 1, S. 46–50
WILBER, K.: Wege zum Selbst, München 1986

Stichwortverzeichnis

A

Ablehnung 27
Arbeitssituation 53
Autogenes Training 138
Autonomie 55
Autorität 24
Avantgardisten 26

B

Bach, Johann Sebastian 112
Bedürfnispyramide 31
Beethoven, Ludwig van 112
Belastungen in der Arbeitswelt 53
Betriebliches Vorschlagswesen 11 f., 49
– Beteiligungsquote 14
Betriebsblinde 87
Betriebsklima 25, 52
Bindung und Geschlecht 121
Bismarck, Otto von 112
Body Shop 106
Bosch, Robert 112
Busch, Paula 112

C

Cartwright, Edmund 77
Chanel, Coco 103
Chrysler 100
Citroën 123
Cook, James 112
Curie, Marie 112

D

Dali, Salvador 95
delegieren 30
Diesel, Rudolf 112 f.
Distanz 63

– emotionale 65, 82
– kognitive 65, 82
– persönliche 135
Distanz durch geographische Entfernung 70
Distanz durch Ironie 68
Distanz durch Satire 68
Distanz durch Witz 68
Distanzphänomene 66
Distanzphänomene im Unternehmen 78
Distanzpolitik, falsche 125
Distanztheorie 133
Distanz-Typen 90
Distanz und Liebe 74
Dualismus von Nähe und Distanz 66
Duisberg, Carl 112
Dunlop, John B. 77

E

Edison, Thomas A. 113
Einstein, Albert 112, 114
Emigrant 88
Entspannung 76
Erikson 54
Erkenntnismedien 16
ESPRIT 75

F

Ferguson, Marilyn 18
Franklin, Benjamin 77
Frauen als Führungskraft 36
Freizeitmaximierer 87
Fremdmotivation 34
French, Marilyn 24
Führungsstil
– maskuliner 38
– weiblicher 37
Führungstheorien 29
Funke, göttlicher 93

G

Gelassenheit 137
Gemeinsamkeiten der Top-Erfolgreichen 110
Gerken, Gerd 75
Gruppenvorschlagswesen 47

H

Hawthorne-Studien 45
Herzberg, Frederick 31
Hierarchie 21
Höflichkeit, zivilisierte 132

I

Iacocca, Lee 99
Ideenfeindlichkeit 21
Ideenkiller 41
Ideenproduzenten 26
Ideensuche, institutionalisierte 22
Identifikationsgrad 13
Identifikationsobjekte 59
Identifikationspolitik 58
Identität 54
Interaktionschancen 55
Intuition 16

J

Japan 122, 124
Japaner 36
Jaspers, Karl 35
Jung, C. G. 26

K

Kant, Immanuel 81
Kekulé, August von 96
Kolumbus, Christoph 112
Konformitätsdruck 46
Konservatismus 26
Kontrolle 56, 143
Kontroll-Konzept 56

Kontrollmechanismen 26
Kopernikus, Nikolaus 82
Kreativität 18, 137
Kroc, Ray 100

L

Lauster, Peter 74, 128
Luther, Martin 112

M

Macher 26
Macht 24
Manipulation 33
Marx, Karl 53
Maslow, Abraham 31
McDonald's 100
Meditation 138
Militär 73
Mißtrauen 32
Mittelweg, goldener 89
Mitterhofer, Peter 77
Morita, Akio 97
Motivation 31
Motivationstheorien 31
Mozart, Wolfgang A. 112
Münchhausen 27

N

NHE-Faktor 22
NHE-Syndrom 16
Nietzsche, Friedrich 71

O

Ordnung, hierarchische 24
Otto, Nikolaus 77

P

Peters, Thomas J. 78
Poincaré, Henri 96

Projekttraube 23
Pythagoras 95

Q

Qualifikationen 55
Queen Victoria 115
Querdenker, produktiver 90, 92
Querulanten, schöpferische 26

R

Reykowski, Janusz 84
Roddick, Anita 106 f.
Rollenkonflikte 25

S

Schopenhauer, Arthur 67
Sehnefelder, Alois 77
Selbstbeurteilungsskala 163
Selbstmotivation 34
SEMI 163
Skala der emotionalen Distanz 85
Skala der kognitiven Distanz 85
Sony 97
Störenfried, kreativer 22
Syndrom 16

T

Technokraten 26
teilen 30
Toyota 123
Tradition 16, 112
– personifizierte 111
Transpersonale Psychologie 139
Transzendentes Selbst 139

U

Überidentifikation 126
Unternehmenskultur 149

V

Verdacht 32
Verhaltensänderung 146
Verstand 16

W

Waterman jr., Robert H. 78

Z

Zwei-Faktoren-Theorie 32

Weitere Titel aus dem Gabler Verlag

Everett T. Suters
Auf Kurs gebracht
Drehbuch eines Turnaround in 90 Tagen
231 Seiten, Geb. DM 58,–

Verpackt in die spannende, fiktive Rettungsaktion der Firma Enfield, vermittelt dieses Buch praxiserprobtes Management-Know-how ohne theoretischen Ballast.

René Maury
Die japanischen Manager
Wie sie denken, wie sie handeln,
wie sie Weltmärkte erobern
280 Seiten, Geb. DM 58,–

40 Topmanager geben mit ungewöhnlicher Offenheit Einblicke in die japanische Unternehmensführung, Unternehmenskultur und Lebensweise.

Manfred F. R. Kets de Vries
Chef-Typen
Zwischen Charisma und Chaos, Erfolg und Versagen
204 Seiten, Geb. DM 58,–

Was unterscheidet erfolgreiche Chefs von unfähigen? Dieses Buch zeigt die Hintergründe und Konsequenzen bestimmter Verhaltensweisen und filtert Erfolgsmerkmale heraus.

Stand der Angaben und Preise: 1.1.1993
Änderungen vorbehalten.

GABLER

Betriebswirtschaftlicher Verlag Dr. Th. Gabler,
Taunusstraße 54, 6200 Wiesbaden

MIX
Papier aus verantwortungsvollen Quellen
Paper from responsible sources
FSC® C105338

If you have any concerns about our products,
you can contact us on
ProductSafety@springernature.com

In case Publisher is established outside the EU,
the EU authorized representative is:
**Springer Nature Customer Service Center GmbH
Europaplatz 3, 69115 Heidelberg, Germany**

Printed by Libri Plureos GmbH
in Hamburg, Germany